日本語教師のための

日常会話力がグーンとアップする

雑談指導のススメ

西郷英樹／清水崇文 著
Hideki SAIGO／Takafumi SHIMIZU

にほんごの凡人社

もくじ

はじめに（雑談と学習者）..v

    登場人物紹介 viii

Chapter 1　学習者の雑談状況を知ろう―留学生106人の声―.......1

1. 雑談に関して留学生が直面している問題と日本語の授業への要望...2

    List 1 日本語の雑談のどんな点が難しいか（問題）.........................2

    List 2 どんな雑談指導があったらいいか（要望）..........................6

    List 3（おまけ）留学生が説く日本語雑談での心構え......................7

    雑コラム①　日本人化？ 8

2. 留学生の雑談状況 9

    ① 雑談の相手 9

    ② 雑談の話題 10

        ａ．自分（留学生）に関する話題 10

        ｂ．お互いに関する話題 10

        ｃ．第三者に関する話題 10

        ｄ．それ以外の話題 10

    ③ 雑談の場所 12

    ④ 雑談タイプ 14

Chapter 2　雑談力アップに役立つ語彙・表現.........................17

Unit 1　カジュアルに話す 19

    カジュアルな話し方のテクニック 20

    テクニック①：助詞を省略する 20

    テクニック②：強調したいことを先に言う 21

    テクニック③：くだけた音に変える 22

    テクニック④：「〜の」「〜んだ」「〜の？」を適切に使う 25

Unit 2　初級形容詞をスラング的に使う 28

    リサイクル作戦 28

    いろいろな初級形容詞のリサイクル 28

Unit 3　慣用句を使いこなす 31

    またまたリサイクル作戦 31

    慣用句を教えるときのアドバイス 31

もくじ　i

初級レベルの語の組み合わせの慣用句 32

「気」を使った慣用句 34

Unit 4　カタカナ語を使いこなす 36

カタカナ語は二流のことば？ 36

カタカナ語って難しい？ 36

知っておくと便利なカタカタ語リスト 38

Unit 5　副詞を使いこなす 41

副詞の威力 41

オノマトペ 42

オノマトペのリスト 42

オノマトペの使い方 44

オノマトペの音調に注意！ 44

話し手の心の中の様子を表す副詞 45

話し手の心の中の様子を表す副詞の例 46

Unit 6　比べる表現を使いこなす 48

比較の表現 48

嗜好を表す「〜派」 49

類似を表す表現 49

相違を表す表現 50

似ているものがないときの表現 50

雑コラム②　日本の意外なこと 51

Unit 7　自分の態度を前置きする 52

自分の態度を前置きする表現リスト 52

Unit 8　1つの話題について掘り下げて話す 55

教科書の語彙と雑談の話題 55

話題①：天気・気候 56

天気・気候の具体的な話の始め方 57

身近な・個人的な事柄に結びつけられる語彙力 58

話題②：恋愛 59

恋愛の具体的な話の始め方 62

雑コラム③　留学生が作る口説き文句 64

Unit 9　日本人大学生が考える，教科書にない便利なことば 65

大学生が使っている日本語 65

日本人大学生が考える便利な日本語 65

Unit 10　留学生が考える，教科書にない便利なことば 71

Chapter 3 雑談力アップに役立つストラテジー 75

Unit 11 聞き取れなかった部分を聞き返す 77
ポイント①：短く聞き返す方法 77
ポイント②：わからなかった箇所を聞き返す方法 78
ポイント③：全部わかるわけがないと割り切る 79
雑コラム④ 口をきいてくれなくなったヤネック 80

Unit 12 考える時間を稼ぐ 81
フィラーを使う 81
ポイント①：「ね」「さ」をつける 82
ポイント②：相手の質問に「かなー」をつける 82
ポイント③：フィラーは自分から話し始めるときにも使える ... 82
ポイント④：フィラーを使いすぎない！ 83

Unit 13 聞き上手になる 84
効果的に相づちを打つ 84
ポイント①：相づちの前に「あ」「え」を入れる 86
ポイント②：慣用的な相づちだけじゃつまらない 86
ポイント③：ノダを忘れずに 87

Unit 14 上手にリアクションする 88
雑コラム⑤ 昼食怖い 90

Unit 15 慣用リアクション表現 91
談話レベルの日本語 91
慣用リアクション表現 91
完結リアクション表現 92
未完結リアクション表現 93

Unit 16 ほめにリアクションする 95
ほめられやすいガイジン 95
アリガトウ系 96
謙遜系 96
ユーモア系 98
ほめ返し系 98

Unit 17 スムーズに割り込む 99
雑コラム⑥ そのタイミング？ 101

Unit 18 自然に話題を変える 102
話題の変え方①：今までの話題と関連の"ある"話題に変える 102
話題の変え方②：今までの話題と関連の"ない"話題に変える 103
雑コラム⑦ 自分でもびっくりするようなウソ 104
話したい話題がないとき 105

もくじ iii

Unit 19　相手との間に共通基盤をつくる─「ね」のストラテジー的用法─106

具体的にネを使って何ができる？ 107

ネの用法①：「考えてること，同じ？」用法 108

ネの用法②：「あなたの言いたいこと，よくわかる」用法 108

ネの用法③：「こんな状況なんだからさ」用法 109

ネの用法④：「もう知ってると思うけど」用法 109

ネの用法⑤：「度忘れ（勘違い）してるだけでしょ」用法 109

ネの用法⑥：「できるもんなら，同意してみて．フフフ」用法 ...110

ネの用法⑦：「私の皮肉，わかる？　ホホホ」用法 111

雑コラム⑧　教師の役割って何？ 112

Chapter 4　雑談タイプ別役立つ表現・ストラテジー..........113

Unit 20　メイン雑談 115

メイン雑談の始め方 116

　　何について話し始めるのか 116

　　①話し手（自分）の事柄について話し始める 116

雑コラム⑨　メイン雑談はつらい 119

　　②相手の事柄について話し始める 120

　　③共通の事柄について話し始める 121

　　④第三者の事柄について話し始める 122

メイン雑談の終わり方 123

　　別れの挨拶リスト 123

　　ポイント①：「じゃ」 124

　　ポイント②：別れの挨拶に移る前に使える表現 124

Unit 21　時間つぶし雑談 125

雑コラム⑩　外国人に対する意識の違い 128

Unit 22　ながら雑談 129

目に飛び込んでくる視覚的情報 131

Unit 23　ワンクッション雑談 132

雑コラム⑪　先手必勝？ 134

Unit 24　いきなり雑談 135

おわりに 139

はじめに（雑談と学習者）

『雑談の正体 —ぜんぜん"雑"じゃない，大切なコミュニケーションの話—』（以下，『雑談の正体』）を読んでくださった日本語教育関係者の皆さま，お待たせいたしました！「えっ，なにその本？」と思った方，どうぞ本書と併せてお読みください．なぜなら，『雑談の正体』は，もともと「本書の一部」だったからです．（詳しい経緯は，『雑談の正体』の「あとがき」をご覧ください．）

『雑談の正体』では，雑談を多面的に分析することによって，「雑談は，本当に『くだらないおしゃべり』なのか」「雑談とは，いったいどのような特徴を持つ会話なのか」「雑談の何が，ビジネスや社会生活をうまくやっていくために，そんなに役に立つのか」といった疑問の答え，つまり「雑談の正体」に迫りました．また，「外国人が日本語で雑談するときにどのような困難を抱えているのか」「日本語教育では雑談をどのように捉えているのか」といった問題についても，簡単に触れました．（ここまでが本書の「イントロ」になるはずでした．）

そして，いよいよ本書の出番です．本書では，日本語教師が外国人日本語学習者（以下，「学習者」）の「雑談力」アップの手助けをする方法（以下，「雑談指導」）についてご紹介します．（本書では，雑談をするために必要な能力の総体を，今風に「雑談力」と呼ぶことにします．）

そもそも「くだらないおしゃべり」であるはずの雑談のしかたを，なぜ貴重な時間を割いてまで日本語の授業で教えなくてはいけないのでしょうか．

それは，雑談には「社会生活の潤滑油」ともいうべきとても大切な役目があるからです．確かに雑談は，たわいもない話題について気楽に話すくだらないおしゃべりです．しかし，その多くは

> 当事者の間にラポール（信頼関係や心が通い合った状態）を生み出すことによって，良好な人間関係を育み，物事を円滑に運ばせるために
>
> 　　　　　　　　　（『雑談の正体』p.26）

行われているのです．

今や日本には在留外国人が247万人（2017年）もいる時代です．彼らは日本で暮らし，日本で学校へ行ったり，働いたりしています．日本で「社会生活」を営んでいるのです．

社会生活を営むためには，周りの人々とのコミュニケーションが欠かせません．そうしたコミュニケーションは「日常会話」と呼ばれていますが，その大半を占めるのが「雑談」だと言ったら驚くでしょうか．

日本語教育も含めて，いわゆる「語学」の世界では，日常会話を「道を尋ねる」「レストランで注文をする」「医者に病状を伝える」といった特定の課題の遂行を目的とする会話と捉えている節があります．（なぜなら，教科書で取り扱われている「日常会話」が，こうしたものばかりだからです．）

しかし，日々の私たちの会話を注意深く観察してみれば，そうした「課題遂行会話」よりも，むしろ，特定の課題の遂行を目的とはしていない単なるおしゃべりが大部分を占めていることに気がつくでしょう．

それならば，学習者たちが社会生活をうまく営んでいくためには，課題遂行会話だけでなく，

こうした単なるおしゃべり（＝雑談）も上手にこなせるようになる必要があるでしょう．つまり，日本社会における生活者でもある学習者に対する日本語教育では，課題遂行会話だけでなく，「雑談」も会話指導の対象にすべきだと思うのです．

ところで，この「雑談」という代物，たわいもない話題について気楽におしゃべりすることでありながら，実は決して易しい会話ではありません．それは，毎年のように書店の棚に雑談のやり方を教えるハウツー本が並び，その中からベストセラーが何冊も出ていることからも明らかです．日本人（日本語母語話者）の中にも雑談が上手になりたいと思う人が大勢いるくらいなのですから，外国人が日本語で雑談をするのはとても大変なことだということは容易に想像がつくでしょう．

外国人が日本語で雑談をするときには，私たち日本語母語話者にはない，外国語ならではの苦労があります．その原因は，例えば，日本語の授業では教えてくれない話しことば特有のくだけた文法やスラング的な単語の使い方であったり，その地方の方言や若者言葉であったりします．つまり，雑談に必要な「言語形式の知識」が足りないのです．また，雑談をスムーズに進めていくための「談話のストラテジーの知識」や，相手や場面による話題やスピーチスタイルの違いなどの「社会言語知識」，はたまた日本で雑談が期待される場面や好まれる話題などの「日本文化に関する知識」が不足していることも，雑談を難しくしている要因です．（詳しくは，『雑談の正体』第4章をご覧ください．）

雑談で上に挙げたような言語形式が頻繁に使われる理由は，雑談が「私的で気楽なおしゃべりである（公的でかしこまった会話ではない）」ことや，「ラポール（信頼関係や心が通い合った状態）を生み出し，仲間意識を醸成する目的

で行われる」ことと関係があります．（詳しくは，『雑談の正体』第3章をご覧ください．）そして，学習者，特に留学生たちが上手になりたいと思っている「周りの日本人学生と知り合い，仲良くなるための雑談」「友達関係を維持するための雑談」「ホストファミリーやバイト先の日本人と良好な関係を築くための雑談」などは，まさにこうした雑談の特徴を備えた典型的な雑談なのです．そのため，学習者，特に留学生に対する日本語の授業では，上述したような雑談特有の言語形式について積極的に教える必要があります．

本書では，学習者（留学生）の雑談学習のニーズを明らかにするために，彼らの雑談の環境と問題点を明らかにしたうえで（Chapter 1），彼らが必要とする知識のうち，「雑談用の言語形式」と「雑談のストラテジー」を中心に，学習項目と指導のポイントを紹介します．「雑談用の言語形式」として取り上げるのは，文法のくだけた使い方，雑談の話題で使われる（しかし，教科書には出てこない）単語や表現，カタカナ語やオノマトペ，若者言葉，そして既習語彙のスラング的な使い方などです（Chapter 2）．一方，「雑談のストラテジー」としては，雑談の切り出し方と終わり方，相づちや質問などによるリアクションのしかた，スムーズな話題の変え方，聞き取れなかったときの効果的な聞き返し方などを取り上げます（Chapter 3）．雑談には，雑談をするために誰かと一緒にいる場合と，他の目的（主活動）のために一緒にいる人と雑談をする場合とがあります．後者は，さらに主活動と雑談との時間的関係によっていくつかのタイプに分けられます．こうした雑談のタイプごとに，よく使われる表現や役に立つストラテジーもまとめました（Chapter 4）．

本書が提案する「雑談指導」のすべてをみな

さんの日本語の授業に取り入れることは難しい
かもしれませんが，自分が教えている学習者の
ニーズに合わせて，少しずつでも試してみてく
ださい．

　きっと，周りの日本人と日々日本語で交流す
る必要がある学習者，もっと交流したいと願っ
ている学習者たちが，楽しく雑談に興じるため
の大きな一歩を踏み出す手助けができるはずで
す．

登場人物紹介

本書の会話例に登場する主な人たちを紹介します．

名前： エマ
性別： 女性
年齢： 21歳
出身： アメリカ合衆国

アメリカの大学の3年生．現在は日本のJ大学に交換留学中．
田中あきさん宅にホームステイをしている．

名前： ミン
性別： 男性
年齢： 21歳
出身： 中華人民共和国

J大学に学部留学中．現在，2年生．

名前： ゆか
性別： 女性
年齢： 20歳
出身： 日本

J大学の2年生．

名前： けん
性別： 男性
年齢： 20歳
出身： 日本

J大学の2年生．

名前： 田中あき
性別： 女性
年齢： 48歳
出身： 日本

エマのホストファミリー．

Chapter 1
学習者の雑談状況を知ろう
―留学生 106 人の声―

外国人に対する雑談の指導について考える前に，彼らが置かれている現状を知ることから始めましょう．

私たち著者の2人は，主にそれぞれが所属する大学の留学生を対象に，日本語での雑談に関するアンケートを実施しました．回答してくれた留学生は106名．彼らの大半は欧米諸国出身の短期交換留学生（4か月～12か月）で，日本語レベルは初級総合教科書の学習が終わった後の中級から中上級レベルが中心です．

アンケートでは，次の2つの内容について聞きました．

1. 雑談に関して留学生が直面している問題と日本語の授業への要望

2. 留学生の雑談状況

1. 雑談に関して留学生が直面している問題と日本語の授業への要望

では，まず留学生の「声」を聞いてみましょう．以下の2点について考えを書いてもらいました（英語での自由回答）．

List 1

日本語の雑談のどんな点が難しいか（問題）

List 2

どんな雑談指導があったらいいか（要望）

以下，集まった86件の問題，49件の要望を，カテゴリー別にリストにして紹介します（分類は厳密なものではありません．また2つのカテゴリーにまたがっているものはどちらか一方のカテゴリーに入れてあります）．各項目末の〈　〉内の数字はそのコメントを書いた人数を表します．数字がないものは回答が1人だったという意味です．

List 1　日本語の雑談のどんな点が難しいか（問題）

聞き取り	
(1)	聞き取り〈9〉
(2)	母語話者が自然に話す速さ〈8〉
(3)	母語話者のアクセント
(4)	母語話者の不明瞭な発音［授業で聞く明瞭な日本語の発音ではない］
(5)	声が小さく，また早口なので，ホストファミリーのお母さんの発音が難しい
(6)	年配者の日本語がわからない〈3〉
(7)	相手の言っていることが完全にわからないとき，どのように応答すればよいのかわからず，ただ微笑んでうなずく．時々，自分が思ってもみないような印象を相手に与えているのではないかと思う
文化差	
(8)	文化差〈2〉
(9)	他文化と比較して日本で重要視されていることがわからない

(10)	同年代の人との雑談と比較して，年配の人，店員，駅員などと会話をするときは不安になり，何も話せないことも多い．これは自分の日本文化への理解の欠如から来ていると思う．それぞれの場面や場所でどんな言動が日本文化では許容されるのか，まだよくわからない

非言語要素

(11)	非言語的な要素が難しい
(12)	話すタイミングと非言語的な要素との関連がよくわからない

ユーモア・皮肉

(13)	欧米人はよく皮肉を言うけど，日本人は言わない
(14)	ユーモアの違い

丁寧な日本語

(15)	日本人の友人と話すことに慣れているので，知らない日本人と話すとき，失礼にならないか心配［敬語］
(16)	日本人と同じぐらい丁寧に話すことが難しい
(17)	丁寧語を使うとき，慎重になって口数が少なくなる
(18)	年配者と何を話していいかわからない．失礼になりたくない〈2〉

カジュアルな日本語

(19)	カジュアルな話し方〈2〉
(20)	話しことば
(21)	タメ語
(22)	スラング〈4〉
(23)	インフォーマルな語彙
(24)	カジュアルな話し方での話の始め方［相手にすごくまじめな印象を与えてしまう］〈2〉
(25)	授業で習う語彙や文法はインフォーマルな場面では使われない
(26)	母語話者は文法をもっとカジュアルな話し方で話す
(27)	友人に使う語彙や表現［教科書は丁寧な話し方だけ］
(28)	省略，倒置で相手の話のメインポイントがわからない

方言

(29)	方言が難しい〈3〉
(30)	大阪弁が難しい〈5〉

話題

(31)	話題選びが難しい〈7〉
(32)	年齢や性別によって適切な話題がわからない〈7〉
(33)	おもしろい話題が見つからない〈3〉
(34)	共通の話題がない
(35)	話を広げる他の話題が見つからない
(36)	語彙と文法が限られているので，いつも同じ話題になってしまう
(37)	同じことについて話すことにうんざり［同じ質問ばかりされる］

気まずい沈黙・雰囲気

(38)	自分が答えられそうな質問を相手が考えるのが難しそうなときがあり，気まずい沈黙がよくある

(39)	自分の質問の意味がよくわかっていないのに，相手が答えようとするときに気まずい雰囲気になる．わからないときは私の意図を聞き返してほしい
(40)	気まずい沈黙のせいで，続けるのが難しい

語彙・表現	
(41)	文法表現が問題〈2〉
(42)	慣用表現が難しい〈5〉
(43)	語彙が問題〈29〉
(44)	教科書の単語だけだといつも同じことばかり言うことになる
(45)	「やっぱり」など文中で頻繁に使われる単語の意味がわからないことが多い
(46)	一般的に同じ意味だとされがちな日本語と英語の違いを教えてほしい．1つの定義だと不十分
(47)	教科書の単語の訳が不親切．例えば，「病気」は sick．これだと，気分が悪いときに，「病気」という単語が使えると思ってしまう
(48)	日本人に，「だいじょうぶ」が "No thank you." ではなく，"Okay." の意味でとられることがある

会話を始める	
(49)	話を始めることが難しい〈6〉
(50)	話したい話題の自然な切り出し方が難しい〈2〉
(51)	間違えるのが怖くて話が始められない

会話を続ける	
(52)	会話を続けるのが難しい〈19〉
(53)	相手が話し終わった後に何を言えばよいのかわからない．意に反して，相手に失礼になりたくない
(54)	そのときに頭に浮かんできた考えなどを深く考えずに話しているが，頑張って日本語ですべて訳せと自分自身に言い聞かせるのが難しい
(55)	（表面的ではなく）深い話を続けるのが難しい
(56)	言語能力のせいで，表面的な話しかできない
(57)	すぐに話が尽きてしまい，沈黙になってしまう
(58)	あまり内容がないことを話し続けることが難しい

談話の組み立て	
(59)	話の中で相手と共通基盤をつくりながら，話すのが難しい
(60)	何かを説明することが難しい〈2〉

リアクション	
(61)	答え方が難しい
(62)	相手が話している内容にリアクションするのが難しい
(63)	適切な語彙を使ってすばやく文を作ることが難しい
(64)	すばやく返事をするのが難しい
(65)	相手の発言への相づちや終助詞が上手ではないので，会話が不自然に感じられる
(66)	適切な応答のしかた（例：そうなんだ，そうか，そうそう）が難しい

質問	
(67)	適切な質問をするのが難しい
(68)	会話を続けられる質問が難しい

(69)	話を広げるのが難しい．よく「はい」「いいえ」だけで答えてしまい，質問をするのが難しい
日本人があまり話さない	
(70)	自分が質問をし続けても，日本人が短い返事で終わり，気まずい沈黙がある〈3〉
(71)	日本人が話を振ってくれないため，こちらが質問をして，一方的に話が続くように頑張っている
(72)	自分の興味があることを話しても，日本人は話を続けてくれない
(73)	日本人は私の質問に答えると，次の質問を待つかのように何も話さない
(74)	私が話すことがあると思ってか日本人学生は話すのをやめて，私が話すのを待つ
話題を変える	
(75)	話題を変えるのが難しい
(76)	話題を丁寧に変えるのが難しい
(77)	違う話題を話し始めるのが難しい．いつも私の国に話題が戻ってしまう
会話の主導権が取れない	
(78)	相手の言ったことを理解するのに手間取ってしまい，会話の主導権を握れない
(79)	話したいことが決まったときには他の話題になっている
(80)	3人以上での雑談．誰が次に話すのか（ターン取り，ターンを渡すタイミング）わからない．そして，2人の会話のときよりもみな速く話す
話題を終える	
(81)	話題を終えるのが難しい〈3〉
(82)	雑談を切り上げるのが難しい
その他	
(83)	言語の壁がいちばんの大きな問題
(84)	雑談自体は易しいが，すぐにつまらなくなってしまう．どうやっておもしろくするか，どうやって相手が話に興味をなくさないようにするかが難しい
(85)	やんわりと反対することが難しい
(86)	私たち欧米人は何でも大げさに話す

List 2　どんな雑談指導があったらいいか（要望）

話題

(1)	お互いの国の出来事は便利な話題
(2)	文化的に適切な話題は不可欠〈2〉
(3)	日本人がよくする雑談の話題を扱ってほしい
(4)	日本人と打ち解けるための話題を教えてほしい
(5)	日本人がよくする会話のネタを教えてほしい［例：The cube test］
(6)	おもしろい話を教えてほしい
(7)	話題別で学びたい［スポーツ，食べ物，有名な場所，天気・気候，交通機関，学校，仕事など］〈2〉
(8)	日本人がおもしろいと思う話題とそれに便利な語彙を教えてほしい
(9)	話題別の語彙導入は場面で学べるから覚えやすいと思う
(10)	話しやすい話題とそのシンプルでわかりやすい例を，さまざまな場面に分けて教えてほしい．また，そこで頻繁に使われる単語が話す相手によってどのように変わるかも一緒に教えてほしい
(11)	初めて会った人やあまり親しくない人との話題のリストがほしい
(12)	雑談の話題は学校で使う教科書では扱いにくいかな？［彼女，ポップ・カルチャー］

語彙・表現

(13)	雑談に便利な単語が知りたい
(14)	語彙をもっと増やしたい
(15)	天気の語彙を教えてほしい
(16)	日常会話でよく使う単語，例えば，天気・気候，スポーツ，家族に関するものなどを教えてほしい
(17)	よく使う語彙（複合動詞，副詞）を扱ってほしい
(18)	（物事が説明しやすくなるので，）オノマトペを扱ってほしい〈2〉
(19)	会話で便利な決まり文句を教えてほしい〈4〉
(20)	シンプルな決まり文句が知りたい．特に，日本と欧米文化の比較も知りたい
(21)	雑談をおもしろくすることわざを教えてほしい
(22)	similar to（類似），opposite of（相違），has to do with（関係）などの表現を教えてほしい
(23)	条件文を教えてほしい
(24)	会話でよく使われる慣用表現のリストがほしい
(25)	慣用的なリアクションのしかたが知りたい

カジュアルな話し方

(26)	文法のカジュアルな使い方を教えてほしい
(27)	堅苦しくない話し方を教えてほしい
(28)	カジュアルな決まり文句や語彙を教えてほしい
(29)	若者の会話に焦点を当ててほしい

雑談の相手

(30)	さまざまな年齢層との雑談のしかたを教えてほしい
(31)	友人以上の男女間の会話のしかたも教えてほしい
(32)	異性と仲良くなるための会話も扱ってほしい

(33)	異性との雑談のしかたを知るためにも，男女間の雑談の違いを教えてほしい
日常生活で使える会話	
(34)	毎日使える会話を教えてほしい
(35)	便利な会話例が知りたい〈2〉
(36)	日常生活についての話し方が知りたい
(37)	内容を日本の生活に近づけてほしい
会話を続ける	
(38)	雑談を易しくする方法，そして，相手の発話へと続ける方法を教えてほしい
(39)	会話を広げながら，続ける方法を教えてほしい〈2〉
(40)	文を自然につなげる方法を教えてほしい．短い文や独り言のような文だと，相手も話しにくいと思う
その他	
(41)	雑談をする目的を説明してほしい
(42)	会話の非言語要素を教えてほしい
(43)	音変化を知ることは日常会話を理解するために非常に役に立つ
(44)	会話をもっと円滑に進めるためのフィラーが知りたい〈2〉
(45)	外国人が雑談をどうするかに焦点を当ててほしい．日本人同士の雑談のしかたを基にした指導はいらない
(46)	関西弁を教えてほしい［方言の動詞・形容詞の活用の違いが問題］
(47)	実際の自然な雑談の中にある言語要素を扱ってほしい．人の作例ではなく，リアルなもの．完全な雑談を作ろうとするのは時間の無駄．自然な雑談でリアルな経験，すなわちリアルな雑談を経験させてほしい
(48)	日本のユーモアを教えてほしい
(49)	公園での散歩，文化的なイベントなど楽しいアクティビティーの際の雑談，一緒に買い物をするときの雑談を易しくする方法を教えてほしい

さらに問題，要望以外に，雑談の心構えが書かれた回答が2つあったので，紹介します（学習者の鑑のようなお2人です）．

List 3 （おまけ）留学生が説く日本語雑談での心構え

(1)	外国語（日本語）でコミュニケーションするとき，いちばん大切なことは，家にこもらず外に出て，間違えてもそんなに心配しないこと．頑張って日本語を話している人を日本人はすごいと思ってくれるし，間違った日本語も直してくれる
(2)	大切なのは頑張ってみること．間違ったとしても，それはすべて無駄ではなく，日本語の上達につながる．問題は，日本人は気を遣って，私が話す日本語を直してくれず，自分が話している日本語のどこが変かわからないこと．毎日習っても完全にはなれない．でも完全になろうとする気持ちは忘れてはいけない．毎日が挑戦

以上，アンケート結果から，学習者が抱える問題，そして要望を紹介しました．これらを読んでみて，どう思いましたか．これまでやってきた普段の授業内容で解決できる（できている）と思った方は，どうぞこの本を静かに閉じてください．これまでの指導にプラスアルファが必要だなと思った方は，どうぞ引き続き読んでみてください．きっと明日からの授業にプラスになるヒントがたくさん見つかると思いますよ！

雑コラム①
「日本人化？」

私はイギリスの大学の東洋学部でピッカピカの1年生の日本語授業を数年担当していたのですが，そのときに不思議だなーと感じたお話をします．

入学ホヤホヤの大学生は立ち居振る舞いも「ザ・イギリス人」で，当然，日本人的な要素はこれっぽっちも感じられません．しかし，2年生のときに1年間日本の提携大学へ留学をし，イギリスへ戻って来ると，その立ち居振る舞いが見事に日本人化している学生が必ず何人かいます．ことばではうまく説明できないのが残念ですが，例えば，腰を若干前かがみにして頭を小刻みに前に振りながら話すしぐさ，少し上目遣いでくり返し軽くうなずきながら笑みを浮かべるしぐさなどです．そのようなしぐさを体得した学生と話していると，そうでない学生と比べ，こちらの心理的な障壁がグッと低くなります．もちろん日本語はまだ中級レベルですが，話していて，なぜか心地よいのです．コミュニケーションの観点から考えると，非言語要素の多くは，語彙や文法表現よりも習得における「費用対効果」が高いのかもしれません．

雑談指導の中に，是非このお得な日本人特有のしぐさやジェスチャーの指導を取り入れてみてください．学習者もケラケラ笑いながら楽しんでやりますよ！

これは心理学で「ミラーリング効果」と呼ばれている現象です（詳しくは『雑談の正体』p.90 を参照）．人は模倣を尊敬や好意を表現したものと認識するため，自分と同じようなしぐさをする人を仲間と捉え，安心感を持つ傾向があるのです．日本人っぽいしぐさで話す外国人に対して，西郷さんが無意識に好感を持ったのは，このミラーリング効果のためですね．営業職のセールス・トークなどにも活用されているくらいですから，雑談においても相手との心理的距離をぐっと縮める効果が期待できると思います．

2. 留学生の雑談状況

次は，留学生の雑談状況についてです．

学習者はいったい，誰と，どこで，どんな話題について話しているのでしょうか．この点を知らなければ，具体的な指導をするのは難しいでしょう．

ここでは，留学生が雑談をする①「相手」，②「話題」，③「場所」について，アンケートの結果をまとめてみました．また，これらのアンケート結果から，彼らが日々の生活で行っている雑談を5つに分類してみました（④「タイプ」）．

【① 雑談の相手】

留学生の雑談相手は圧倒的に「友達」が多いことがわかりました． Fig.1 を見てください．

雑談の相手によって大きく変わるのは，話すことばの丁寧度のレベルです．例えば，それほど親しくない人や目上の人には丁寧体（デス・マス体）を使いますが，大学の友達などには一般的に普通体（ダ体）で話します． Fig.1 内の雑談相手の右横を見てください．一般的に普通体を使う可能性が高い相手には○，どちらともいえない相手には△，丁寧体を使う相手には×をつけておきました．アンケート結果から，留学生は普通体を使う相手（友達，日本人学生，クラスメイト，ルームメイト，など）が多いことを受けて，本書では普通体で行う雑談を主として扱うことにします．

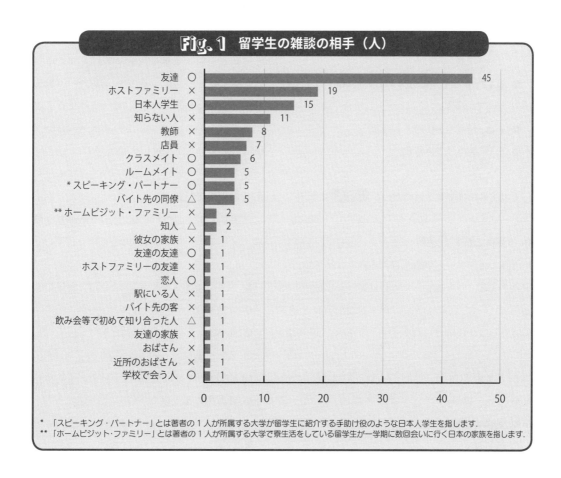

Fig.1 留学生の雑談の相手（人）

* 「スピーキング・パートナー」とは著者の1人が所属する大学が留学生に紹介する手助け役のような日本人学生を指します．
** 「ホームビジット・ファミリー」とは著者の1人が所属する大学で寮生活をしている留学生が一学期に数回会いに行く日本の家族を指します．

【② 雑談の話題】

アンケート結果から，雑談の話題も非常に多岐にわたっていることがわかりました．回答は，大きく，以下のように分類できそうです．

- a. 自分（留学生）に関する話題
- b. お互いに関する話題
- c. 第三者に関する話題
- d. それ以外の話題

相手に関する話題のみを挙げている回答もありましたが，数が非常に少なく，また「b. お互いに関する話題」に挙げられているものと重複していたので，省略しました．

a. 自分（留学生）に関する話題

回答で挙げられた「自分（留学生）に関する話題」は，さらに大きく以下の3つに分けられます．

- 日本へやって来た自分（留学生）に焦点を当てた話題
- 自分（留学生）に対する助言
- 自分（留学生）の外見

それぞれの詳細をまとめたのが **List 4** です．

b. お互いに関する話題

今回のアンケート調査で挙げられたすべての話題の中で，最も多かったものはお互いに関するものでした．このお互いに関する話題は大きく以下のように分けられます．

- 日常生活
- 予定・将来
- 基本的な情報
- 嗜好性

- 異性・恋愛
- その他

それぞれの詳細を表したのが **List 5** です．

c. 第三者に関する話題

以下のような第三者について雑談をするという回答もみられました．

- 彼女・彼氏
- お互いの友人
- 新しく来た留学生
- お互いの家族
- 共通の友人
- 友人の仕事
- お互いが知っている人
- 隣人
- 話し手と相手の近くにいる人

第三者に関する話題を扱う際に大切なことは，第三者を知っているのが，話し手なのか，相手なのか，両者なのか，で，使われる表現が異なるという点です．この点は「Chapter 4 Unit 20」（p.115）で扱います．

d. それ以外の話題

雑談でよく話されている，より一般的な話題は，以下のように分けられそうです．

- お互いの国・文化
- 大衆文化（ポップ・カルチャー）
- 食べ物
- 天気・気候
- 地域（ローカル情報）
- 世の中の出来事

List 6 はそれぞれの詳細です．

List 4　自分（留学生）に関する話題

日本へやって来た自分（留学生）に焦点を当てた話題

- □ いつ日本へ来たか
- □ どこから来たか
- □ 日本で何をしているか
- □ 日本での経験
- □ どうして日本へ来たか
- □ 日本で何を勉強しているか
- □ 何を専攻しているか
- □ なぜ日本語を勉強しているか
- □ 日本はどうか
- □ 今までで日本の何がいちばん好きだったか
- □ 日本食が好きか
- □ 日本食で何が好きか，嫌いか
- □ いつまで日本にいるのか
- □ 残りの日本の生活で何をしたいか
- □ 日本の何に興味があるか
- □ 日本での外国人としての経験と問題
- □ 日本人とのデートに興味があるか
- □ 趣味は何か

自分（留学生）に対する助言

- □ 国内で行くべき場所
- □ おいしい日本の食べ物

自分（留学生）の外見

- □ 自分の身体的特徴
- □ 自分が有名人の誰に似ているか

List 5　お互いに関する話題

日常生活

- □ 日常生活全般
- □ 毎日すること
- □ 経験
- □ 大学
- □ 授業
- □ 試験
- □ 勉学
- □ バイト
- □ 宿題
- □ 旅行
- □ 最近の生活
- □ 平日の生活パターン
- □ 週末の生活パターン
- □ その日の授業
- □ その日の出来事
- □ その日の気分
- □ 授業の後にすること
- □ 週末にしたこと
- □ 前回一緒にしたこと
- □ 一緒に行った旅行の思い出
- □ 作れる料理
- □ 今何を料理しているか
- □ その日に食べたもの

嗜好性

- □ お互いの興味・関心
- □ 共通の趣味
- □ 好きなこと／もの
- □ 嫌いなこと／もの
- □ 好きな食べ物
- □ 好きな音楽
- □ カラオケが好きか

予定・将来

- □ 予定
- □ その日の予定
- □ 午後の予定
- □ 明日の予定
- □ 週末の予定
- □ 休みの予定
- □ GWの予定
- □ 将来の仕事
- □ 将来の予定

異性・恋愛

- □ 恋愛
- □ 異性
- □ 恋人の有無
- □ デート

基本的な情報

- □ お互いの基本的な情報
- □ 名前
- □ 出身
- □ 住んでいる所
- □ 専攻・専門
- □ 今の大学を選んだ理由
- □ 話せる外国語
- □ 行ったことがある所

その他

- □ 友情
- □ 健康
- □ 留学
- □ 相手をもっと知るための話題

Chapter 1　学習者の雑談状況を知ろう　11

List 6　それ以外の話題

お互いの国・文化
- 自国
- 自国の製品や物について
- 日本の食べ物
- 日本の観光地
- 物価
- 交通
- 日本のファッション
- 日本の就職活動
- お互いの国
- 自国と日本の違う点
- 自国の文化と日本文化の違う点
- お互いの国の出来事
- 自国と日本の食べ物の比較
- 自国と日本の教育制度の違い
- 日本語
- お互いが勉強している言語（＝日本語と英語）

食べ物
- 食べ物・料理
- 映画館の食べ物

天気・気候
- 天気・気候
- テレビの天気予報
- 梅雨

世の中の出来事
- 世間話
- ニュース
- 政治

大衆文化（ポップ・カルチャー）
- 日本のポップ・カルチャー
- 欧米のポップ・カルチャー
- 映画
- アニメ
- 芸能人
- 音楽
- テレビ番組
- カラオケ

地域（ローカル情報）
- 住んでいる地域のこと
- おもしろい所
- おいしい店
- イベント

【③ 雑談の場所】

　雑談の場所は大きく Fig.2 のように分類できました．

　Fig.2 のそれぞれの場所をさらに詳しくしたものが List 7 です．

また場所ではなく，雑談の場面のみを書いた回答者もいました（ List 8 を参照）．

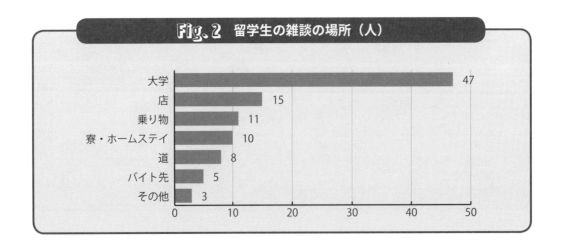

Fig.2　留学生の雑談の場所（人）

- 大学　47
- 店　15
- 乗り物　11
- 寮・ホームステイ　10
- 道　8
- バイト先　5
- その他　3

List 7　雑談の場所の詳細

大学

- □ 大学
- □ 学食
- □ 学食で食べているとき
- □ 知り合いに偶然会ったとき
- □ コモンラウンジ（憩いの場）
- □ コモンラウンジで待っているとき
- □ コモンラウンジで昼食中
- □ コモンラウンジで勉強中
- □ サークル・クラブ
- □ クラブの練習前の着替えのとき
- □ 授業
- □ 授業の前
- □ 授業の後
- □ 授業と授業の間

バイト先

- □ バイト
- □ バイト先で注文が来るのを待っているとき
- □ バイトの後（同僚と）
- □ バイトでの休憩中

店

- □ 店
- □ コンビニで食べ物を選んでいるとき
- □ 買い物中
- □ 居酒屋
- □ バー
- □ カラオケ
- □ 美容院
- □ 店に入るために並んでいるとき
- □ 飲食店
- □ 飲食店で注文した料理が来るまでの時間

乗り物

- □ バスや電車に乗っているとき
- □ バスや電車を待っているとき
- □ 車の運転中

道

- □ 道
- □ 学校，店，駅まで歩いているとき

寮・ホームステイ

- □ 寮
- □ 寮の廊下
- □ 寮の共同台所
- □ 寮で料理中
- □ 寮友に一日の様子を聞くとき
- □ ホストファミリー（HF）宅
- □ HF 宅で夕食中
- □ HF 宅でテレビを見ているとき
- □ HF 宅で勉強しているとき

その他

- □ ホームビジット・ファミリー*の妹宅で昼食をとっているとき
- □ 友人宅で他の友人が来るのを待っているとき
- □ 野球場（スタジアム）

* 「ホームビジット・ファミリー」とは著者の1人が所属する大学で寮生活をしている留学生が一学期に数回会いに行く日本の家族を指します。

List 8　雑談の場面

- □ 飲み会
- □ パーティー
- □ パーティーの後
- □ 旅行中
- □ ハイキング中
- □ 祭り
- □ 煙草を吸っているとき
- □ 小旅行（日帰り旅行）
- □ 遊んでいるとき
- □ キャンプ
- □ 交流イベント
- □ 遊び・旅行の計画中
- □ 勉強中
- □ 食事中
- □ 夕食
- □ 昼食
- □ 朝食
- □ 暇なとき
- □ 友人・ホストファミリーとくつろいでいるとき
- □ 知らない人に話しかけられたとき
- □ いい関係構築のために話すとき

以上，アンケート調査結果から，留学生がどんな場所（場面）で，どんな相手と，どんな話題で雑談をしているのか，をまとめました．これまで漠然としていた学習者の雑談をめぐる状況が，少し具体的につかめてきたのではないでしょうか．

【④ 雑談タイプ】

　雑談と一概に言っても，すべて一括りにはできません．例えば，仲の良い友人と集まってワイワイガヤガヤとおしゃべりに花を咲かせる雑談と，たまたま居合わせたところにいる人とする雑談では，取り上げられる話題も，雑談の始まりから終わりまでの流れも異なります．そして，そうした異なるタイプの雑談では，学習者にとって便利な単語や表現も違ってきます．そのため，雑談指導をより実践的なものにするためには，学習者が行う雑談の特徴も押さえる必要があります．

　本書ではアンケート結果を基に，学習者が行っている雑談を以下のように大きく5つのタイプに分類しました（次のページの Fig.3 ）．

　「メイン雑談」はその他の雑談タイプと大きく異なる点があります．それは，メイン雑談だけが雑談のために複数の人たちが集まって行うものだという点です．つまり，その名の通り，メイン雑談は雑談が主となる活動（以下，主活動）となります．

　一方，それ以外の4つの雑談タイプは，雑談以外の理由でその場に居合わせた複数の人たちで行われる雑談です．そして，これらは他の主活動との時間的な関係から捉えられます．主活動のために同じ場所に集まった人たちがその前に行うのが「時間つぶし雑談」，主活動と同時に行われるものが「ながら雑談」，主活動が終わってそれぞれ次の活動に移る前に行われるものが「ワンクッション雑談」です．そして，

「いきなり雑談」はまったく別々の主活動をしている最中に偶然出会って始まるものです．雑談はいつもこれらのどれか1つに厳密に分類されるというものではなく，あくまでもファジーな線引きだと考えておいてください．例えば，ながら雑談とメイン雑談のどちらともとれるような雑談もあるということです．

　この雑談タイプについては，本書のChapter 4で詳しく扱います．

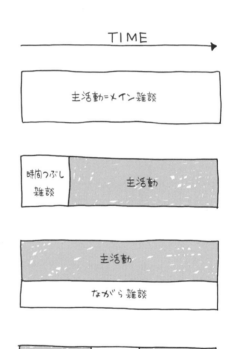

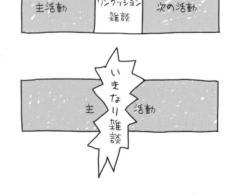

Fig.3 学習者が行っている5つの雑談のタイプ

メイン雑談

雑談をするのが目的の雑談
　例：友人とカフェでゆっくりと雑談

時間つぶし雑談

主となる活動が始まる前の手短な雑談
　例：授業の始まりのチャイムが鳴るまでの雑談

ながら雑談

主となる活動と同時に行われる雑談
　例：駅まで友人と歩いているときの雑談

ワンクッション雑談

主となる活動の後，次の活動に移る際の手短な雑談
　例：授業が終わって，バイトへ行く前の雑談

いきなり雑談

前触れもなく始まる手短な雑談
　例：町で偶然友人に会ったときの雑談

Chapter 2
雑談力アップに役立つ 語彙・表現

正直なところ，雑談に役立たない単語や表現なんてありません．知っている単語や表現が多ければ多いほど，雑談の内容は充実し，その場の雰囲気をより良いものにするという雑談の目的に貢献するでしょう．

　しかし，学習者に何でもいいから，とりあえず単語や表現を覚えるようにアドバイスしても，路頭に迷うだけです．また教師がいくつかの話題に絞って，その関連語彙を教えても，教えた話題だけはよく話せるようになりますが，それ以外の話題になると学習者はお手上げ状態になってしまいます．

　では，どうすればいいのか？　この問いに対して，私たちが出した答えは，まずは，発話自体に「こなれた感」（時には「コミカル感」）をプラスできるような単語や表現，またテクニックを学習者に積極的に学んでもらうということです．雑談の内容を軽視するわけではありませんが，雑談の本質的な目的は内容（情報の交換）よりも相手との間にラポール（信頼関係や心が通じ合った状態）を生み出すこと，そしてそのためのその場の心地よい雰囲気づくりです．その場の雰囲気が和やかになれば，雑談は成功だといえるのです．

　アンケート結果（p.9）からわかるように，学習者の雑談の相手は圧倒的に友達です．

> 友達と話すときは，普段授業で学んでいるようなマジメな日本語，カタい日本語で話してしまうと，その場の空気もマジメでカタいものになってしまうのではないか！
>
> もっと学習者が話す日本語にカジュアル感，こなれた感，コミカル感を付け加えることができれば，その場の空気も和やかになるのではないか！　少なくとも相手が心理的にリラックスできるのではないか！

と考え，前述の傍点部分の結論に至ったわけです．さらには，学習者自身も

> あ，なんか私，日本人の友達が話しているような自然な日本語を話している！

と雑談をするテンションが，そして，意欲が高まるのではないかと考えたのです．

　そうした考えに基づき，Chapter 2 は，まず，話し方をカジュアルにするテクニック（Unit 1）からスタートします．その後，初級形容詞のスラング的用法（Unit 2），初級レベルの語の組み合わせからなる慣用句（Unit 3），カタカナ語（Unit 4），オノマトペと話し手の心の中の様子を表す副詞（Unit 5）と続きます．

　その次に，異文化からやってくる学習者にとって便利な比較に関するさまざまな表現を扱います（Unit 6）．続いて，「前から聞きたかったんだけど，〜」「大したことじゃないんだけど，〜」などの前置き表現（Unit 7）を紹介します．

　特定の話題を話すために必要な単語や表現というのもあります．そこで，天気・気候，恋愛という 2 つの両極端ともいえる話題を例にとり，指導の際にどのような点に気をつけなければいけないかを考えます（Unit 8）．

　Chapter 2 の最後の 2 つの Unit は，私たち著者の手から（正確には頭から）離れ，日本人大学生および学習者自身が実際に雑談で便利だと考える単語や表現を紹介します（Unit 9, Unit 10）．

　これから先の内容は，あなたのこれまでの日本語教育観を大きく揺さぶるものになるかもしれません．乞うご期待！

Chapter 2 Unit 1 カジュアルに話す

エマ：あ，じゃあ，私の分も買っといてくれる？
ゆか：あ，いいよ，いいよ．そんなに好きだったの？
エマ：え，うん．前から行きたかったんだ，そのライブ．
ゆか：あ，ほんと．
エマ：CDを持ってったら，サインがもらえるかな？
ゆか：わかんないけど，一応持ってったら．
エマ：あー，サインがもらえたら，もう死んじゃう．

　初級レベルの授業では一般的に丁寧体から学び始めます．その理由として，動詞の活用の分類にとらわれる必要がないため，学習者の学習負担を軽減することが挙げられます．構造的な理由の他に，社会的な理由もあります．学習者が日本語で話す相手はさまざまです．その中には丁寧体を用いたほうが適切な人たちもいるはずで，彼らに普通体で話してしまうと不快な気持ちにさせてしまう可能性があるのです．例えば，日本人が自分よりも明らかに年齢が下の外国人に「どこから来たんですか」と言ったとしましょう．その返答が「アメリカから来ました」ではなく，「アメリカから来た」だとしたらどのように感じるでしょうか．日本語が母語ではないということを差し引いても不快な気持ちを抱く日本人は少なくないでしょう．こうした問題を生じさせないようにするためにも，まずは丁寧体で教えるというのは理にかなった方法だといえます．

　しかし，こうした指導には問題もあります．それは，「（普通体）と思います」などの文法表現で普通体を学習した後も，一般的にスピーチレベルは丁寧体で学習が進んでいくことです．つまり，練習や教科書の文（発話）のスピーチレベルは普通体に変わらないのです．実際私たちが教えている中級レベルの短期留学生に，彼らの大学の初級コースでカジュアルな話し方を学んだかと聞いても，ほとんどの人が「いいえ」と答えます．

　大学で日本語を学んでいる中級レベルの学習者の多くは10代後半から20代前半で，同年代の日本人は友達と普通体で話すのが一般的です．いわゆるカジュアルな話し方ですね．日本人の友達が自分にカジュアルな話し方をしているのに，自分は丁寧体でしかうまく話せないという問題は，相手との間に心地よい雰囲気をつくり上げることが目的の雑談では，致命的です．丁寧体の使用は，学習者がそのように意図していなくても，相手に対する心理的な距離をつくり出してしまうからです．つまり，雑談という観点からは，丁寧体と同じくらい，いやそれ以上に，普通体を学ぶことが大切だといえるのです．

■カジュアルな話し方のテクニック

言うまでもありませんが，丁寧体から普通体に変えるだけでカジュアルな話し方にすることができます．例えば，日本人の友人が「私の趣味はピアノかな」と言ったとしましょう．この発話に対して何歳からピアノを習っているのか学習者が質問をする場面を想像してください．

> 何歳からピアノを習っているんですか．

と丁寧体を用いる代わりに，普通体を用いて

> 何歳からピアノを習っているの？

とすれば，それだけでカジュアルな話し方になります．これは初級レベルの学習を終えた学習者なら，みな知っているでしょう（中級レベルになったばかりの学習者は「～んですか」，そして，その普通体「～の？」はなかなか使えませんが……）．しかし，私たち日本人はこのカジュアルな話し方の基本形にさまざまなバリエーションを持たせています．このバリエーションは，正しい日本語の文法を学んできた学習者にとっては軽い衝撃だと思いますが，日本人が普段から使っている自然な日本語だと伝えると，目を輝かせながら，食いついてきます．実際，著者の1人が担当してる中級クラスの授業でもこれから紹介するものを教えていますが，学期終了後の授業評価で非常に役に立ったという声が毎学期多く寄せられています．

■テクニック①：助詞を省略する

まずは助詞の省略です．

> 何歳からピアノを習っているの？

と助詞「を」省略をするだけで，ぐっとカジュアル感が増します．もちろんすべての助詞が省略できるわけではありません．例えば，上の発話中の「から」を省略してしまうと，意味が通らなくなります．

唐突ですが，ちょっとここで問題です．以下の助詞の中でいつも省略できるものはどれでしょうか．

> 「が」「は」「を」「に」「へ」「で」「と」「の」

以下の例文を使って，下線部の助詞が省略できるかどうか，考えてください．

> ① 田中さんはけん玉が上手だって．
> ② 勉強をしすぎて，頭が痛くなっちゃった．
> ③ もう，あっちへ行ってよ．
> ④ 昨日アキバに行ったよ．
> ⑤ 2時に木村に会うよ．
> ⑥ 綿棒なら，コンビニにあるよ．
> ⑦ 箸が使えないから，スプーンで食べるよ．
> ⑧ 今度いいライブが京都であるよ．
> ⑨ 健ちゃんと明日の飲み物を買ってきて．

では，答えです．いつも省略できる助詞は「が」「は」「を」「へ」です．例えば，①から③は順番に，

> ① 田中さんはけん玉が上手だって.
> ② 勉強をしすぎて,頭が痛くなっちゃった.
> ③ もう,あっち~行ってよ.

のように助詞を省いてもコミュニケーションになんら支障はありません.

「に」は省略できるものとできないものがあります.④の

> ④ 昨日アキバに行ったよ.

のように移動動詞の前の「に」は基本的に省略できます.その他の「に」は省略しないほうが無難です.例えば,⑤と⑥は順番に

> ⑤ 2時に木村に会うよ.(時間／相手)
> ⑥ 綿棒なら,コンビニにあるよ.(存在場所)

のように省略すると不自然になります(許容度に個人差はありますが).

その他の助詞は省略できません.前のページの例文の中でいえば,⑦から⑨の「で」「と」「の」です.「で」「と」「の」を省いて読んでみてください.意味がとりにくくなったり,まったく異なる意味になったりすることがわかると思います.箸が使えなくても,普通スプーンは食べませんよね.(笑)

■テクニック②:強調したいことを先に言う

次のテクニックはその発話の中で強調したいこと(=いちばん言いたい部分)を先に言うというものです.いわゆる倒置です.例えば,ピアノが趣味の相手に何歳から習っているか聞く場合は,

> 何歳から習っているの,ピアノを?

のように「習っているの?」を「ピアノを」よりも先に言うこともできます.普段正しい語順を間違えると,先生に訂正されたり,テストで減点されたりしている学習者は,突然先生に「いちばん言いたい部分を先に言って強調しよう」などと言われたら,びっくりするかもしれません.しかし,インターネットの動画などで自然な日本語に慣れ親しんでいる今どきの学習者たちなら,「この先生は自然な日本語を授業で扱ってくれるんだ!」と心の中で拍手喝采してくれること間違いなしです.

その他の発話例を用いて,この倒置テクニックを考えてみましょう.以下の発話例中の下線部を強調してみてください.

> ① 町田さんは<u>かっこいいよね</u>.
> ② 森さんは<u>来た</u>?
> ③ あの変な人は<u>誰</u>?
> ④ スーパーで<u>何を買ったの</u>?
> ⑤ 山本さんと<u>どこに行ったの</u>?
> ⑥ 手伝ってくれて,<u>ありがとう</u>.
> ⑦ 遅くなって,<u>ごめんね</u>.
> ⑧ カラオケで歌いすぎて,<u>のどが痛くなっちゃった</u>.
> ⑨ お酒がなくなって,<u>みんな帰っちゃった</u>.

①と②は以下のように述語を主語(主題)の前に出すだけです.

> ① かっこいいよね,町田さんは.
> ② 来た,森さんは?

③から⑤は疑問詞を含んだ倒置です.③~⑤の答えは順番に

③ 誰, あの変な人は?
④ 何を買ったの, スーパーで?
⑤ どこに行ったの, 山本さんと?

になります. 実際に授業で練習をしていて, 学習者が苦労しているなと感じる点は, 倒置した後, 発話の最後の助詞 (省略できないもの) を瞬時に言うことです. 例えば,

● どこに行ったの, チャリで?
● 何をしたの, 斉藤さんと?
● いつ食べたの, 新橋で?

の下線部分の助詞です. 指導の際には, この点に注意しましょう.
　⑥と⑦は主節に話し手の気持ちが現れ, 従属節がその気持ちの原因・理由です. 答えは,

⑥ ありがとう, 手伝ってくれて.
⑦ ごめんね, 遅くなって.

となります. このように倒置して気持ちを前に移動させたほうが感謝や謝罪の気持ちが強く出ている感じがしますよね.
　実際の練習では, 以下のように, 初めに主節の気持ちを教師側が設定しておいて, 原因・理由を学習者の想像力で答えてもらうといろいろな回答が出てきて楽しいです.

＿＿＿＿＿＿＿＿＿て, うれしかった!
(練習のときは「うれしかった」を先に言う)

　⑧と⑨は, 主節が帰結・結果で, 従属節が原因・理由です. 答えは,

⑧ のどが痛くなっちゃった, カラオケで
　 歌いすぎて.

⑨ みんな帰っちゃった, お酒がなくなって.

となります. 以下のように原因・理由を学習者に考えてもらっても楽しく練習ができます.

＿＿＿＿＿＿＿＿＿て, 山田さんとけんかしちゃった!
(練習のときは「山田さんとけんかしちゃった」を先に言う)

■テクニック③:くだけた音に変える

　「くだけた音に変える」とは, いわゆる音変化です. 例えば,

何歳から習っているの, ピアノ?

の「～ている」の「い」を省いて,

何歳から習ってるの, ピアノ?

となります. このような音変化も発話にカジュアル感を演出します. 学習者の多くがすでに知っている「なんか」も「なにか」のくだけた音ですね.
　ここでまた問題です. 以下の発話例の下線部分をくだけた音に変えてみてください (余裕のある方は助詞の省略も一緒にどうぞ).

① 今, コンビニでバイトしているよ.
② 毎晩チューハイを飲んでいるよ.
③ ここで昼ご飯を食べてもいいよね.
④ この中から選んでもいい?
⑤ 最近チョコを食べすぎていたので, 少
　 し太ったよ.
⑥ あーあ, 明日好きな番組が終わってし

まうよ.

⑦ 私はもういいから, ぜんぶ飲んでしまっ
て.

⑧ ビストロ・ムラタを予約しておいてね.

⑨ 明日天気が悪そうだから, 今日もう
ちょっと泳いでおこうか.

⑩ 田中さんにたこ焼きを買って行く?

⑪ 暑いから, セーターを脱いで行くよ.

⑫ 私が悪かったと思う.

⑬ まさ君も明日来ると言っていたよ.

⑭ 来週の土曜日は15日?

⑮ 山中さんはやさしいね.

⑯ さち先輩の電話番号を知らない?

⑰ そこで何してるの?

以下, 問題の番号順に音変化のルールを紹介
していきます.

┌─────────────────────────────┐
│ 音変化1:「〜ている」「〜でいる」 │
│ 　　　　→(順に)「〜てる」「〜でる」 │
│ ① 今, コンビニでバイトしてるよ. │
│ ② 毎晩チューハイ飲んでるよ. │
└─────────────────────────────┘

┌─────────────────────────────┐
│ 音変化2:「〜てもいい」「〜でもいい」 │
│ 　　　　→(順に)「〜ていい」「〜でいい」 │
│ ③ ここで昼ご飯食べていいよね. │
│ ④ この中から選んでいい? │
└─────────────────────────────┘

┌─────────────────────────────┐
│ 音変化3:「〜ので, 〜」 │
│ 　　　　→「〜んで, 〜」 │
│ ⑤ 最近チョコ食べすぎてたんで, 少し太っ │
│ 　 たよ. │
└─────────────────────────────┘

┌─────────────────────────────┐
│ 音変化4:「〜てしまう」「〜でしまう」 │
│ 　　　　→(順に)「〜ちゃう」「〜じゃう」 │
│ ⑥ あーあ, 明日好きな番組終わっちゃう │
│ 　 よ. │
└─────────────────────────────┘

⑦ 私もういいから, ぜんぶ飲んじゃって*.

* 「〜てしまう」の依頼形なので, 「飲ん
じゃって」となります.

〔ポイント!〕

依頼表現の「〜てください」の「ください」
がカジュアルな話し方の場合, 省略される
ことを知らない学習者が多いので, 注意が
必要です.

┌─────────────────────────────┐
│ 音変化5:「〜ておく」「〜でおく」 │
│ 　　　　→(順に)「〜とく」「〜どく」 │
│ ⑧ ビストロ・ムラタ予約しといてね*. │
│ ⑨ 明日天気悪そうだから, 今日もうちょっ │
│ 　 と泳いどこうか**. │
│ * 「〜ておく」の依頼形なので「予約しと │
│ 　 いてね」になります. │
│ ** 「〜ておく」の意志形なので, 「泳いど │
│ 　 こうか」になります. │
└─────────────────────────────┘

┌─────────────────────────────┐
│ 音変化6:「〜て行く」「〜で行く」 │
│ 　　　　→(順に)「〜てく」「〜でく」 │
│ ⑩ 田中さんにたこ焼き買ってく? │
│ ⑪ 暑いから, セーター脱いでくよ. │
└─────────────────────────────┘

〔ポイント!〕

以下の発話の意味の違いを混同している学
習者が少なくありませんので, 復習を兼ね
て確認してもよいでしょう.

a. 映画館に映画を見て行くね. (この発話
が変だとわかればOKです)

b. 映画館で映画を見て行くね.

c. 映画館に映画を見に行くね.

音変化7：引用の「と」
　　　　　→「って」

⑫ 私が悪かったって思う．
⑬ まさ君も明日来るって言ってたよ．＊

＊ 第三者の発言を相手に伝える場合，「〜と言っていた」を「〜って言っていた」に変換できますが，さらに「〜って ~~言っていた~~」のように「言っていた」を省略できることも大切なポイントです（「まさ君も明日来るって」）．

音変化8：主題の「〜は」
　　　　　→「〜って」

⑭ 来週の土曜日って15日？＊
⑮ 山中さんってやさしいね．＊＊

＊ 主題について質問をするとき，「〜は」を「〜って」に変えることができます．⑭以外の例として，「それは誰の？」「田中さんは今日バイト？」はそれぞれ「それって誰の？」「田中さんって今日バイト？」のように言い換えることができます．

＊＊ 人の性格や物の属性・性質について，自分の考えを述べるときにもこの音変化が使えます．⑮以外の例として，「新しく来た先生はけっこう若いね」「このペンは書きやすいね」は順に「新しく来た先生ってけっこう若いね」「このペンって書きやすいね」などのように音を変化させることができます．

音変化9：ナ行（なにぬねの）の前のラ行
　　　　　（らりるれろ）
　　　　　→ん

⑯ さち先輩の電話番号知んない？
⑰ そこで何してんの？

普段何気なく使っている音にこんな（複雑な？）ルールがあったなんてなんだかうれしくなりませんか．他の例を挙げればきりがありませんが，「帰らない」が「帰んない」，「〜てくれない？」が「〜てくんない？」，「何歳から習ってるの，ピアノ？」が「何歳から習ってんの，ピアノ？」になります．

以上，くだけた音変化のルールをいくつか紹介しました．これらのルールを覚えると，学習者自身が使えるようになるだけではなく，相手が言ったことを理解する力の向上にもつながります．例えば，準備を表す「〜ておく」という表現を学習者が知っていても「〜ておく」の音が「〜とく」に変化することを知らなければ，「今日，ネットでチケットを買っとくよ」という発話の意味を即座に理解するのは難しいのです．

■テクニック④:「〜の」「〜んだ」「〜の？」を適切に使う

　日本語の会話で頻繁に現れる言語要素に「〜のだ」があります. 俗に「ノダ文」と呼ばれています. トマトケチャップなしてナポリタンが作れないように, ノダ文なして自然な日本語を話すことは不可能です. ノダ文は一般的に初級レベルで導入され,「説明をするとき」「説明を求めるとき」に使うという文法解説が多くなされています. カジュアルな会話てノダ文は,「〜の」「〜んだ」「〜の？」の形で非常に頻繁に使われています. 今度時間があったら漫画の見開き2ページのセリフの中にノダ文がどのくらい使われているか見てみてください.「あ, こんなに使われているんだ.」と驚くこと請け合いです.

　それなのに, 残念ながら中級レベルになってもこのノダ文をうまく使いこなしている学習者がほとんどいないのが実情です. そこで, 初級レベルの学習が終わった学習者なら容易に理解できるノダの基本的な2つの用法を4つの質問にしてみました. 以下, 一緒にみていきましょう.

ノダの質問 (1)

　次の文は男性, 女性のどちらがよく使うことばだと思いますか.

> ① ねこが好きなんだ.
> 　［ 男性 ・ 女性 ・ どちらも ］
> ② ねこが好きなの.
> 　［ 男性 ・ 女性 ・ どちらも ］
> ③ ねこが好きなの？
> 　［ 男性 ・ 女性 ・ どちらも ］

日本人なら簡単に答えられるこの問題でも,

答えられない学習者は少なくありません. ①の「〜んだ」は女性, 男性ともに使いますが, ②の「〜の」は主に女性や子どもが使う言い方です. 私たちの勤務校は女子学生が6〜7割を占めているので, 男子留学生のキャンパスでの話し相手は必然的に日本人の女子学生が多くなります. そのせいか,

> 俺はコンビニの肉まんが大好きなの.

などと, ちょっと違和感がある発話をする男子学生も毎学期数人出てきます.

　③の「ねこが好きなの？」（質問）では, 男女ともに「〜の」を使うことができます.

ノダの質問 (2)

　次の文の違いがわかりますか.

> ① a. 私のケーキを食べた？
> 　b. 私のケーキを食べたの？
>
> ② a. 私が好き？
> 　b. 私が好きなの？

　①のaは純粋な質問ですが, bは相手の口の周りにケーキがついていた, 部屋にいたのは相手だけ, など何かしらそう考えるべき理由がある場合に使われます. ②も同じように説明ができます. bは自分（＝話し手）に好意を抱いていると思わせる言動を相手がした（している）場合に現れる発話です. 例えば, 特に用もないのに, 毎日のようにメールを送ってくるときなどに,「私が好きなの？」が使えます. 純粋な質問のつもりて「私が好きなの？」と言うと, 相手に高飛車なヤツだと思われます（きっと）.

　以上のことから, ノダの基本的な用法の1つがわかります. それは話し手と相手の間に,

Chapter 2　雑談力アップに役立つ 語彙・表現　25

発話内容が出てくるなんらかの「前提」がある
ときは，ノダを使うということです．前提とい
う用語の代わりに，「共有情報」とか「共有知
識」でもよいでしょう．クラスでノダの質問(2)
を使って，ノダ文と非ノダ文の違いを説明する
と，学習者は目を輝かせて「知らなかった！」
とノートを取ります．ぜひお試しあれ．

　ここまで読めば，次の質問(3)など朝飯前
だと思います．

ノダの質問 (3)

　次の文はどちらが自然ですか．

> ① ［場面］誰かが何かをしているのを見
> 　　　　　たとき
> 　　a. そこで何をしている？
> 　　b. そこで何をしているの？
>
> ② ［場面］友人から昨日デートをしたと
> 　　　　　聞いたとき
> 　　a. 誰と行った？
> 　　b. 誰と行ったの？
>
> ③ ［場面］2人で週末の予定を決めている
> 　　　　　とき
> 　　a. どこに行く？
> 　　b. どこに行くの？

　①および②は質問(2)での説明と同じよう
に考えれば，どちらもbの発話が自然です．
①なら，話し手と相手との間に相手が何かをし
ているという前提があるから，ノダを使うとい
うことです．②の場合，デートは1人でする
ものではありません．誰かとデートをしたとい
う前提が2人の間に存在しているので，ノダ
の使用になります．

　では，③はどうでしょう．③の場面ではまだ

行き先が決まっていません．つまり，2人の間
に行き先に関する前提はまだないということで
す．そのため，純粋な質問であるaが自然です．
仮に相手が，いつも行き先を決めている場合，
または前にいいところを見つけたなどと言って
いた場合は「今度はどこに行くの？」とノダ文
を使ったbでも不自然にはなりません．

ノダの質問 (4)

　今まで見てきたノダの用法は，話し手と相手
との間にすでに前提がある際に用いるという
ものでした．しかし，いつもそうではありません．
例えば，話し手が来週TDL（TDKではありま
せん）へ行くことを雑談の話題として話し始め
たい場合，①と②では，どちらで話し始めたほ
うが自然ですか．相手はまだTDL行きのこと
は知りません．

> ① 来週，TDL に行く．
> ② 来週，TDL に行くんだ．

　日本人なら，みな②のほうが自然だと考える
はずです．相手との間に何も前提がないにも関
わらず，です．つまり，このノダの使用は，発
話内容を相手との間の前提として扱うという話
し手の意図を表しているのです．この意図をも
う少し詳しく言えば，「この発話内容をあなた
との前提として，話を展開したい」という話し
手の気持ちです．

　では，ノダが含まれない①を言われた場合，
相手はどんな気持ちになるでしょうか．ノダな
しだと，発話内容を2人の間の前提にしてい
ないため，話し手がこの話題で話を続ける意図
がまったくみえません．ただ話し手が相手に自
分の予定を伝え，（相手からの）何の応答も期
待していないかのような印象を与えてしまいま
す．まるで，亭主関白の夫と3歩下がってつ

いてくるような妻（ふるっ！）との会話です．

反対に，②のように，ノダを用いているにも関わらず，その後で話し手が話を続けない場合，相手に「この人，私に何かコメントしてほしいのかな」と思わせる効力があります．（自分で発話内容を前提にしておいて，そこから話を展開させない話し手なんて，正直面倒くさいですが……）

以上，ノダについての4つの質問を通して，以下の2つのノダの基本的な用法を考えてきました．

> ① 話し手と相手の間に，発話内容が出てくる何らかの前提があるときは，ノダを使う
>
> ② 話し手が発話内容を相手との間の前提として扱いたいときに，ノダを使う

もちろんこれらの用法について学習者に説明したからといって，すぐに使えるようになるほどノダ文は簡単ではありません．しかし，そもそも初級の授業で文型の1つとしてノダを導入・学習した後，どれだけノダの練習がされているでしょうか．会話例や例文で導入はしたものの，そのノダがどんな用法なのかの確認や，運用できるようになることをめざした練習はしていない日本語教師も多いと思います．そのような状況では学習者がノダ文を意識して考えることもないでしょうから，この機会にぜひノダを考える時間を設けてみてはどうでしょうか．前述の質問4つで20分ほどしかかかりませんよ．

Chapter 2
Unit 2 初級形容詞をスラング的に使う

ゆか：ミン君，日曜，時間ある？
ミン：え，今度の日曜？
ゆか：あ，うん，友達と遊びに行くんだけど，一緒にどうかなと思って．
ミン：あー，行きたいけど，月曜日に試験あるから，ちょっと厳しいかな．

けん：亜美ちゃん，彼氏と別れたんだってね．
エマ：あ，そうそう．振られたんだって．
けん：そういえば，亜美ちゃん，前の彼氏にも振られてたよね．
エマ：言いたくないけど，亜美の恋愛，重いからね．

■リサイクル作戦

　初級レベルから，学習者は多くのイ形容詞を学びます．このUnitでめざすことは，これら初級レベルで習った形容詞を雑談でもっと活用することです．具体的には，初級形容詞の本義（おおもとの意味）から派生したスラング的な意味で，発話にこなれた感，コミカル感を出すことです．例えば，「あまい」は味覚を表す以外にも，以下のような使い方ができます．

- 木村先生はよくできる学生にあまいね．
- 高田さんの考え方はまだまだあまいよ．

　このようにすでに知っている形容詞を用いて他の意味を表すことができるのです．これぞまさにリサイクル．学習者にとっても省エネ学習であるうえに，雑談にこなれた感，コミカル感も出せるとなれば，見事な一石二鳥です．

■いろいろな初級形容詞のリサイクル

　「あまい」以外にも，実に多くの初級形容詞が派生的な意味を持っています．そして，こうした派生的意味の多くがスラング的に使われるのです．List 9 の例のように，スラング的な意味で初級形容詞を使う学習者がいたら，なんだか楽しい雑談が一緒にできそうな感じがしませんか．

List 9　初級形容詞のスラング的な使い方

青い	ゆか：川西さん，また彼女とけんかしたんだって． ミン：また！？　まだまだ青いね．［精神的に未熟の意］
熱い	ゆか：来年の東京マラソンのためにトレーニング始めたんだ． ミン：熱いねえ．青春だねえ．［何かに対するエネルギーがすごいの意］ ゆか：米田さん，今週末も彼氏とデートだって． ミン：いつも熱いねえ．［男女の仲がとてもいいの意］
痛い	ゆか：康子のお父さん，もう髪がないのに，育毛剤買ってるんだって． ミン：マジで？　痛いねえ．［さげすみと哀れみが混ぜ合わさった気持ちの意］
うるさい	ゆか：けんのプレゼント，CDにする？ ミン：え，けんは音楽にうるさいから，他のにしない？［好みが細かいの意］
おいしい	ゆか：新しいバイトの時給1200円なんだ． ミン：えっ，おいしいね．何のバイト？［待遇がいいの意］
重い	ゆか：佐藤さん，また振られたんだって． ミン：まあ，佐藤さん，重いからね．［恋愛にまじめすぎるの意］
軽い	ゆか：西川，居酒屋でまたナンパしてたよ． ミン：相変わらず，軽いね．［恋愛にまじめじゃないの意］
汚い	けん：ちょっと聞いてよ．鈴木先生，急に単語テストしたんだよ，今日． ミン：え，汚いねえ．［やり方が卑劣だの意］
厳しい	ゆか：金曜日，映画に行かない？ ミン：金曜日はちょっと厳しいかも．［無理の意］
くさい	ゆか：私の年齢をむっちゃんに言ったの，誰？ ミン：北村がくさいよ．あいつおしゃべりだから．［疑わしいの意］ ゆか：山田君って，彼女の誕生日にいつもバラをプレゼントするんだって． ミン：くさいねー．アイツはいつもわかりやすい．［気取っているの意］
暗い	エマ：なんか，今日暗いね．なんかあったの？［元気がないの意］ けん：え，何でもない……．
寒い	ゆか：このカレー，かれー． エマ：さむい．［冗談がおもしろくないの意］
冷たい	ゆか：自分で頑張って． エマ：え，冷たーい．手伝ってよー．［優しくないの意］
まずい	ゆか：エマ，明日漢字テストって言ってなかった？ エマ：あ，まずい．忘れてた．［状況が悪いの意］

Chapter 2　雑談力アップに役立つ 語彙・表現

ここで，イ形容詞を使う際のポイントをいくつか指摘しておきましょう．

［ポイント 1］
メールなどの書きことばの場合，スラング的な意味で使われる形容詞を「イタい」「クラい」「サムい」「オモい」などのようにカタカナで表記することもあります．

［ポイント 2］
その場で感じた感情や感覚が瞬時に口から出た場合，イ形容詞の語末の「い」が促音化（「っ」）することがあります（ただし，すべてのイ形容詞に使えるわけではありませんので，ご注意を）．こういう発音ができると，ぐっとこなれた感が出てきます．

- （エアコンがとても効いたスーパーに入って）「さむっ．」（さむい→さむっ）
- （川の水に手を入れて）「つめたっ．」（つめたい→つめたっ）
- （近くの誰かがおならをして）「くさっ．」（くさい→くさっ）
- （友人から噂話を聞いて）「おもしろっ．」（おもしろい→おもしろっ）

［ポイント 3］
3拍のイ形容詞で表した感情や感覚を強めたい場合，最後の「い」が省略され，その2つ前に促音（「っ」）が挿入されることがあります（すべてのイ形容詞に使えるわけではありませんので，ご注意を）．

- （エアコンがとても効いたスーパーに入って）「さっむ．」（さむい→さっむ）
- （近くの誰かがおならをして）「くっさ．」（くさい→くっさ）
- （軽い男の話を聞いて）「かっる．」（かるい→かっる）
- （ある人の重い恋愛話を聞いて）「おっも．」（おもい→おっも）

ポイント1～3は，カジュアルな会話やメールでよく見られる現象なので，知っているだけで学習者の理解力が大きくアップするはずです．

Chapter 2 Unit 3 慣用句を使いこなす

エマ：恵美って本当に<u>耳が早い</u>よね．
ゆか：よくそんなことば知ってるね．
エマ：えっ，「耳が早い」？　田中さんに教えてもらった．
ゆか：へー．それで恵美がなんて？
エマ：水曜日に私たちが合コンに行ったの，もう知ってたよ．
ゆか：あ，ごめん．それ，私が言ったの．
エマ：え！　口，かっる！（＝<u>口が軽い</u>）

■またまたリサイクル作戦

「1＋1は2ではなく，3にも4にもなる」このような言い回しを時折耳にします．例えば，テレビの料理番組で食材の組み合わせの話をしているときなどです．この Unit で扱う慣用句もまさにこのことばが当てはまります．例えば，一般的に初級レベルで学ぶ単語に「顔」と「広い」があります．これらが組み合わさると，サイズ的にデカい顔ではなくて，「知人が多い」という意味になります．知っている単語を組み合わせるだけで，組み合わせた単語の意味の総体ではない，まったく新しい意味を相手に伝えることができるのです．

初級レベルで学ぶ日本語でも「知っている人がたくさんいる」などといえるから，慣用句はそんなに要らないんじゃないかですって？　では，「耳」と「痛い」の組み合わせである「耳が痛い」はどうですか．「批判や非難が実に的を射ている」の言い換えは，初級レベルの日本語では不可能ですが，「耳」と「痛い」を組み合わせれば言えてしまうのです．このように，初級レベルの単語を組み合わせるだけで，初級レベルで習う語彙だけでは到底言い表せないような意味も伝えられるのです！　しかも，「顔が広い」や「耳が痛い」などの慣用句を使うと，会話にこなれた感が出ますよね．

前 Unit の初級形容詞のリサイクルに加えて，こんなにお得な慣用句を学習者に教えない手はありますまい！

■慣用句を教えるときのアドバイス

ここで慣用句を教えるときのアドバイスを1つ．初めの導入としては，慣用句をいくつか学習者に提示して，その意味を当ててもらうのもおもしろいです．著者の1人も毎学期留学生の中級レベルの授業で慣用句を教えています．その際，まずはそれぞれの慣用句がどのような意味か考えてもらっていますが，単語の組み合わせで意味が推測しやすいものとそうでないものがあるようです．例えば，「頭がかたい」などは比較的意味がわかるようですが，先ほどの「顔が広い」は「厚かましい」「明るい」「元気」などいろいろな答えが出てきます．また，「(女)に目がない」は「(女)に興味がない」とみな考

えてしまうようです．また「手が早い」も「泥棒」「すり」と留学生は十中八九答えます．意味は2つありますが，みなさんはもちろんこの意味はわかりますよね？（答えは自分で調べてくださいね．）

■ 初級レベルの語の組み合わせの慣用句

初級レベルの語の組み合わせで成り立っている慣用句は List 10 のようなものです（初級が終わってすぐの学習者にはちょっと難しい単語もいくつかあります）．なんらかの教えが含まれることわざもいくつか入れてみました．

これらの慣用句を使えば，次のような発話のやり取りができます．慣用句の使用で，こなれた感がグッと出ていませんか．初級レベルで学ぶ日本語を組み合わせるだけです．ああ，なんてお得．そして，エコ！

けん：ハワイとかに別荘ほしいなー．
ミン：ね．まあ，夢のまた夢だけど．

エマ：真紀って今の彼氏できて，ちょっと人変わった？
ゆか：あ，私もそう思う．
エマ：なんか，私，避けられている感じ．

ゆか：あ，じゃ，帰るとき，お店に行って予約しとくよ．
ミン：さすが，ゆか．話がわかるねー．

けん：絶対に，いやだよ．
ミン：えー，最初で最後のお願いだから．

ゆか：明日の飲み会，行く？
エマ：あー，ちょっとだけ顔を出そうかな．

List 10　初級レベルの語の組み合わせの慣用句

- □ 足が重い
- □ (〜から) 足を洗う
- □ 頭がかたい
- □ 頭が切れる
- □ 頭が古い
- □ 頭にくる
- □ 後味が悪い
- □ 後から後から
- □ いい顔しい
- □ (〜の) 言うことを聞く
- □ 石の上にも三年
- □ 一から十まで
- □ 犬と猿
- □ 今に始まったことじゃない
- □ (〜に) 色目を使う
- □ 上には上が {ある／いる}
- □ 腕を上げる
- □ (〜と) 馬が合う
- □ 大きなお世話
- □ 大きな顔をする
- □ 男の中の男
- □ 蛙の子は蛙
- □ 顔が広い
- □ 顔から火が出る
- □ 顔に書いてある
- □ (〜に) 顔を出す
- □ (〜に) 顔を見せる
- □ 考えがあまい
- □ (〜に) 聞く耳を持たない
- □ 口がうまい
- □ 口が固い
- □ 口が軽い
- □ 口が悪い

- □ (〜に) 口を出す
- □ (〜を) 首にする
- □ (〜を) 首になる
- □ けんかを買う
- □ ここだけの話
- □ 腰が低い
- □ (〜に) ゴマをする
- □ 最初で最後
- □ 時間の問題
- □ 地獄耳
- □ (〜を) 下にみる
- □ (〜を) 白い目でみる
- □ 自分にあまい
- □ 社会の窓が開いている
- □ しりが青い／ケツが青い
- □ タオルを投げる
- □ (〜の) 力になる
- □ 血も涙もない
- □ (〜に) 手が出ない
- □ 手が早い
- □ (〜と) 手を切る
- □ トップを切る
- □ 鳥肌が立つ
- □ 泣いても笑っても
- □ 無いものは無い
- □ 長い目でみる
- □ 名 (前) が売れる
- □ (〜の) 仲に入る
- □ 何が何でも
- □ 何から何まで
- □ 何でもない [=取るに足りない]
- □ 何といっても
- □ 逃げた魚は大きい

- □ ねこの手も借りたい
- □ ハードルが高い
- □ (〜を) 馬鹿にする
- □ 馬鹿にならない
- □ 馬鹿になる
- □ 鼻が高い
- □ (〜と) 話が合う
- □ 話が違う
- □ 話が早い
- □ 話がわかる
- □ 話にならない
- □ 腹黒い
- □ 膝が笑う
- □ 人がいい
- □ 人が変わる
- □ 人が悪い
- □ 火の車
- □ 本の虫
- □ 万が一
- □ 右といえば左
- □ 水と油
- □ 耳が痛い
- □ 耳が早い
- □ (〜に) 耳を貸す
- □ 虫がいい
- □ 目がある
- □ (〜に) 目がない
- □ 目じゃない
- □ 物がわかる
- □ 物になる
- □ 夢のまた夢
- □ 夢をみる
- □ 横になる

Chapter 2　雑談力アップに役立つ 語彙・表現　33

■「気」を使った慣用句

　私たちが普段頻繁に使う慣用句には，「気」を使ったものが多くあります．例えば，「気が重い」「気が短い」「気にする」「気が多い」などです．「気」を使った慣用句の多くも初級レベルでも知っているような単語との組み合わせなので，もっと積極的に教えて，単語リサイクル学習に貢献しましょう．先ほどのリストに挙げた慣用句と同じように，「気」とすでに知っている単語を組み合わせることで，実にさまざまな概念を，いとも簡単に相手に伝えることができます（ **List 11** には，「散る」「失う」など初級レベルの単語ではなくても便利だと思われるものもいくつか入っています）．

　「気」を使った慣用句を使ったら以下のような会話ができるようになります．こなれた感，出てますよね？

> ゆか：え！　本当にここで待ってるの？
> けん：うん，お化け屋敷はちょっと．
> エマ：え，けんって案外，<u>気が小さいね</u>．
> 　　　（笑）

> ミン：来週，中国についてプレゼンすることになっちゃった．
> ゆか：ゼミ関係？
> ミン：あ，うん．なんか<u>気が重い</u>なー．

> エマ：とし君ってゆかに<u>気がある</u>んじゃない？
> ゆか：ない，ない．
> エマ：いや，だってご飯食べるとき，いっつもゆかの横に座んない？

> エマ：なんか前髪，短すぎない？
> けん：前と比べると，そうかな．
> エマ：あーあ，どうしよう．
> けん：大丈夫だよ．誰も他の人の髪型，そんなに<u>気にしてない</u>って．

> エマ：まじめに考えてるとき，変な顔して笑わせないでよ．（笑）
> ミン：（変な顔をしている）
> エマ：<u>気が散る</u>でしょ！

　「気」を使った慣用句，とても便利だと思いませんか．市販の教科書でも，初級から「気」を使った慣用句をどんどん教えくれたらいいんですけどね．

List 11 「気」を使った慣用句

- □ （〜と）気が合う
- □ （〜に）気がある
- □ 気がいい
- □ 気が多い
- □ 気が大きい
- □ 気が重い
- □ 気が変わる
- □ 気が利く
- □ 気が気じゃない
- □ 気が知れない
- □ 気が進まない
- □ 気が済む
- □ （文+）気がする

- □ 気が小さい
- □ 気が散る
- □ （〜に）気がつく
- □ 気が強い
- □ 気が遠くなる
- □ （〜に）気がない
- □ 気が長い
- □ 気が乗らない
- □ 気が早い
- □ 気が晴れる
- □ 気が引ける
- □ 気が短い
- □ 気が向く

- □ 気が弱い
- □ 気が若い
- □ （〜が／〜を）気に入る
- □ （〜を）気にする
- □ （〜が）気になる
- □ 気を失う
- □ 気を落とす
- □ 気をつかう
- □ （〜に）気をつける
- □ 気を回す
- □ 気を持たせる
- □ 気を良くする
- □ （〜に）気を許す

Chapter 2 Unit 4 カタカナ語を使いこなす

エマ：九州で何する？
ゆか：うーん，何しよう？
エマ：博多ラーメンは<u>マスト</u>じゃない？
ゆか：あ，そうだね．
エマ：毎日ラーメン食べない？
ゆか：ラーメンの話になると，いつも<u>テンション</u>高いよね．
エマ：ラーメン命だから．ね，いい？
ゆか：え，まあ，考えとく．
エマ：<u>ラッキー</u>！　ラーメン屋，<u>リサーチ</u>しとくね．

■カタカナ語は二流のことば？

　欧米諸国からの留学生を教えていると，カタカナ語を使いたくないという人が毎学期少なからずいます．その理由を聞くと，大半は「私はちゃんとした日本語を習いたい」などと答えます．主として英語を語源に持つカタカナ語が和語や漢語よりも一段劣った語であるような印象を持っている学習者もいるようです．せっかく自分たちの文化とはまったく異なる日本にいるのに，英語が日本語なまりで話されているカタカナ語を話したくないという気持ちもわからなくはありません．そのような学生は自分の言いたいことを辞書で調べ，私たちが普段使わないような堅苦しい日本語（特に漢語）を雑談や例文作成で多用するので，不自然で何を言っているのかわからないこともよくあります．しかし，話している学習者は，みんなが使わないような高尚な日本語を自分が話していると信じて疑わないので，はっきりいって面倒です（あ，こんなこと，教師が言ってはいけませんね）．会話がどんよりと重いです（まだ言ってる）．

　何度もくり返していますが，雑談の目的は，相手との間にラポール（信頼関係や心が通じ合った状態）を生み出すこと，そしてそのための心地よい雰囲気づくりです．だからこそ，会話の軽快さが大切なのです．軽やかに会話を転がしていく力も必要なのです．カタカナ語の使用は会話にこの軽快さを付け加えることができます．この点を学習者に納得してもらえれば，積極的にカタカナ語を使ってくれるようになると思います．

■カタカナ語って難しい？

　私たちの毎日はカタカナ語であふれています．今日（原稿を書いている日）の朝刊に入っていた電化製品の量販店のチラシを見ても，以下のようなカタカタ語が目に飛び込んできます（ List 12 はそのほんの一部です）．

List 12　電化製品の量販店のチラシにあったカタカナ語

- □ プレミアムフライデー
- □ ポイント付与
- □ ポイントプレゼント
- □ アプリ
- □ フレンチドアタイプ
- □ ビタミンCもアップ
- □ 長〜くストック
- □ コードレスタイプ
- □ 丸みのあるフォルム

- □ 簡単アクセス
- □ 安心明瞭スピードプラン
- □ エコセンサー付
- □ ダウンロード
- □ リフォーム
- □ 楽々支払いキャンペーン
- □ トータルリフォーム
- □ ファイナルセール
- □ ベーシックセット

- □ オリジナル家電
- □ チェック
- □ 特別セット
- □ ショールームイベント
- □ オール電化
- □ 今がチャンス
- □ 別売りオプション
- □ 肌トラブル
- □ 糸くずフィルター

　こうしたカタカナ語が非常に難しいと留学生はよく言います。この難しさにはいくつか理由がありそうです。

①カタカナ語が話される音がオリジナルである外国語の音に結びつかない

　上のような新聞の折込チラシと違って、雑談では、情報は目からではなく、耳から入ってきます。例えば、日本語の発音で「ショールームイベント」と言っても、それが showroom event だとはわからないという場合です。余談ですが、西郷が5年のイギリス滞在の最終週にパブでジントニック（gin and tonic）を注文したら、ジンジャーエール（ginger ale）が出てきました……。

　そんなことはさておき、最近の洋画は英語のタイトルがそのままカタカナ英語になっていることが多いですよね。テレビCMなどで流れる映画の宣伝でそうしたカタカナ英語のタイトルを聞いても、その発音は完全な日本語の音（子音の後には必ず母音、高低アクセントなど）になっていて、外国人にはまさかそれ（オリジナル）が英語だなんて想像もできないのです。この問題をクリアするには、学習者にカタカナ英

語の音に慣れてもらうしかないのでしょう。子音の後の母音の挿入のしかたのパターンを体系的に教えたりするのも、効果があるかもしれません。

②カタカナ語の意味とオリジナルである外国語の意味が異なる

　例えば、「スマート」がいい例です。これは smart のカタカナ英語ですが、「スマート」は細身の体形を指しますが、smart は「頭が良い」とか「服装がフォーマル」という意味で使われることが多いです。「カンニング」は cunning のカタカナ英語ですが、「カンニング」は試験で不正行為をすることであるのに対して、cunning は「悪知恵のある」「狡猾な」などの意で、試験とは関係がありません。試験での不正が「カンニング」であることは、多くの学習者にとってけっこうおかしいようです（英語では cheating）。「マンション」は mansion のカタカタ英語ですが、mansion はお金持ちが住む豪邸であって、集合住宅ではありません。友人の「マンション」に行ったら、mansion ではなかったなんて笑い話にもなりませんね。

③そもそもオジナルのことばがないカタカナ語

これはいわゆる和製英語といわれるものです．例えば，「ドタキャン」「ノートパソコン」「コンセント」「ホチキス」「クーラー」「ハイテンション」などなど，他にもたくさんあります．また，英語以外の外国語が語源のカタカナ語は，当然ながら英語話者には理解できません．例えば，「アルバイト」はドイツ語の「働く」が語源となっていて，英語では part-time job です．他にも，ポルトガル語，オランダ語，フランス語，イタリア語，ロシア語などが語源のカタカナ語もたくさんあります．「カード」（英語），「カルテ」（ドイツ語），「カルタ」（ポルトガル語）のように使い分けているケースすらありますね．

以上のように，カタカナ語のわかりにくさには少なくとも3つの原因がありそうですが，この際，カタカナ語は外来語という概念を学習者に捨てさせ，「カタカナ語は純粋な日本語で，しかも和語や漢語と同じ第一線で活躍する一流のことばである！」というぐらいの意気込みで学んでもらったほうがよいかもしれません．

■知っておくと便利なカタカナ語リスト

日常会話でよく使われるもの，知っておいてもいいかなと思われるものを以下，ざっと並べてみました（ List 13 ）．

学習者の運用のためには，指導の際，対訳付きのリストだけでなく，品詞も示す必要があります．一般的に，英語が日本語の形容詞として入ってくるとき，イ形容詞ではなく，活用をしても語幹だけで意味が通るナ形容詞になります．例えば，「イノセント」が名詞を修飾するとき，「（イノセント）い人」にはならず，「（イノセント）な人」になります．ちなみに，80年代に流行った「ナウい」は英語の名詞である now がイ形容詞として使われている珍しい例です．

List 13 にある語を中心に，カタカナ語を用いた会話例を作ってみました（p.40）．もし学習者がカタカナ語をこのように使えたら，こなれた感と軽快さを雑談に付け加えることができると思いませんか．

List 13　知っておくと便利なカタカナ語

- TV タレント
- アイドル
- アクセス (する)
- アップ (する) (給料／時給が〜)
- アドリブ
- アプローチ (する)
- アポ (を取る)
- アレルギー
- イノセント
- イメージ (〜ダウン⇔〜アップ)
- イメチェン (する)
- エコ
- エゴ
- エッチ
- エンタメ
- オーダーストップ
- オーバー [言動]
- オール (する) [徹夜]
- カイロ
- ガッツポーズ (する)
- カリスマ
- カンニング (する)
- ギャグ
- キャリアアップ
- キャンセル (する)
- クール [性格／外見]
- クオリティ (が高い／低い)
- ケースバイケース
- ゲームセンター／ゲーセン
- コア
- コーディネート [服装など]
- ゴム
- コントロール (する)
- コンパ (する)

- コンプレックス (がある)
- シェア (する)
- シック
- シビア (お金に〜)
- ジャンル
- シュール
- ジレンマ
- スキンシップ
- スタイリッシュ
- スタイル [体型]
- ステータス
- ストイック
- ストレート [言動]
- スマート [体型]
- セレブ
- センス (がいい／悪い)
- タイト (スケジュール／服が〜)
- ダンボール
- チャンス (がある／ない)
- ツーショット
- テンション (が高い／低い)
- ドタキャン (する)
- トラブる〈動詞〉
- ナーバス (になる)
- ナルシスト
- ナンセンス
- ニアミス
- ニート
- ニュアンス
- ネームバリュー
- ネック
- ノウハウ (を知っている)
- ノーメーク／ノーメイク
- パーセント／パー

- ハイテンション
- パフォーマンス
- パワーアップ (する)
- パワハラ／セクハラ (する)
- ビジュアル (がいい／悪い)
- ピンチ
- フライング (する)
- ブランク (がある)
- フリーター
- プロポーション [体型]
- ペットボトル
- ポジティブ
- マイペース
- マザコン ⇔ ファザコン
- マスコミ
- マスター (する)
- マスト
- マナーモード
- マニアック
- ミーハー
- メーク／メイク
- メタボ
- メリット ⇔ デメリット
- ヤンキー [「不良」の意]
- ユニーク [「おもしろい」の意]
- リーズナブル
- リサーチ (する)
- リスペクト (する)
- リマインド (する)
- レア
- レジ
- レトルト食品
- レベルアップ (する)
- ワンパターン

Chapter 2　雑談力アップに役立つ 語彙・表現　39

けん：(タレント名)，なかなか消えないね．
ミン：コアなファンがいるんじゃない？
けん：かなりマニアックだよね．

ゆか：来年の春，ニューヨークに行こうかなと思ってるんだけど
エマ：え，そうなの！
ゆか：絶対したほうがいいことってなんかある？
エマ：やっぱりミュージカルはマストじゃない？

ゆか：12日から始まる週って，暇な夜ある？
エマ：あ，その週はちょっとスケジュールがタイトかな．
ゆか：あ，そう．

エマ：昨日はドタキャンしてごめん．
けん：もう元気になった？
エマ：まだ100パーセントじゃないけど，もう大丈夫．

けん：じゃ，来週の木曜日ね．
エマ：オッケー．あ，前の日に，リマインドしてくれる？
けん：あ，じゃ，覚えているほうがリマインドするっていうことで．

Chapter 2
Unit 5

副詞を使いこなす

エマ：昨日の夜2時ごろ，部屋のドアがずっと<u>ガタガタ</u>するんですよ．

田中：え，ほんと？

エマ：ええ．<u>もしかして</u>「幽霊？」って思って，<u>思い切って</u>「誰？」って言ったら，

田中：うん．

エマ：ドアの下から<u>スルスル</u>って長い髪の女の人が入ってきて，

田中：え，ちょっとちょっと．

エマ：そのとき，天井が<u>グルグル</u>回って，

田中：えー！

エマ：電気が<u>パッパッ</u>ってついて，

田中：やめてやめて！

エマ：という怖い夢を見ました．

田中：……．腕を上げたね．

■副詞の威力

みなさん，副詞について考えたことがありますか．「副」がつくこの品詞はなくてもそれほど困らない場合が多いので，ある意味おまけだといえます．それが理由かどうかは別として，動詞，名詞，形容詞，助詞ほど，副詞の指導には力を入れていない日本語教師も少なくないと思います．

しかし，スパイスの効いていないステーキが味気ないように，副詞がない日本語もまたなにか物足りないものになってしまうのです．

次の2つの文を比べてください．

> ① エマは立ち上がり，横に座っていたゆかを見て，笑い出した．

> ② エマは<u>すっくと</u>立ち上がり，横に座っていたゆかを<u>チラリと</u>見て，<u>突然</u>笑い出した．

どちらの文も同じ状況を描写したものですが，①とは違い，②には様子・様態の副詞が含まれています（下線部が副詞）．どちらのほうが臨場感あふれる文でしょうか．聞くのがためらわれるほど簡単ですよね．もちろん答えは②です．え，それは単語数（＝情報量）が違うから当たり前だ，ですって？　それはそうですが，よく考えてください．たった3つの副詞だけで，①と②にこれだけ臨場感の違いが出ることを考えれば，副詞のスゴさ，威力がわかると思います．こんなに「費用対効果」が高い副詞を学習者が雑談で積極的に使わない手はありません．雑談は，楽しさ重視．相手も臨場感あふれる話を聞いているほうが楽しいに決まっていま

Chapter 2　雑談力アップに役立つ 語彙・表現　　41

すし，使うだけで学習者の日本語がグッと上手に聞こえてしまう「魔法の言葉」なのですから．

本 Unit では，副詞の中でも特に雑談に効果がある以下の 2 つを紹介します．

① 臨場感を出すことにかけては随一のオノマトペ
（芝居の効果音と同じ！）

② 話し手の心の中の様子を表す副詞
（すっごく日本語が上手に聞こえる！）

■オノマトペ

オノマトペは，いわゆる擬音語，擬態語の総称です．擬音語とは実際の音を言語音で表したことば（例えば，「雨がザーザー降っている」）で，擬態語とは目に見える様子や触感などを象徴的に言語音で表したことば（例えば，「田中さんはフラフラ歩いている」）です．

まずはオノマトペの威力を体感してもらいましょう．以下の文の（　　）の中に思いつくオノマトペをどんどん入れてみてください．

映画館から大勢の人が（　　　　　　　　）
出てきました．

さあ，どうでしたか．今，自分が入れたオノマトペで，その情景が頭に浮かび，プッと（←これも副詞）吹き出した方も多いのではないかと思います．吹き出さなかった方は上の（　　）の中に以下のようなオノマトペを入れてみてください．

「ひそひそ」「とぼとぼ」「げらげら」
「ふらふら」「どやどや」「のろのろ」

しつこくてすみませんが，吹き出しましたか．ニヤリと（←これも副詞！）しただけでも合格です．

ちなみにオノマトペの表記に関して，擬音語はカタカナ，擬態語はひらがなを用いるという傾向があるようですが，使い分けの厳密なルールは存在しないようです．**List 14** のオノマトペのリストはすべてひらがな表記にしていますが，リストに続く例文中のオノマトペは，カタカナ表記で統一しています．「これはカタカナよりひらがなのほうがしっくりくるな」などと考えながら読み進めてもおもしろいと思います．

【オノマトペのリスト】

オノマトペは，実にたくさんありますので，全部を紹介することはできませんが，**List 14** にその一部を紹介します．読んでいるだけで情景が浮かんできて笑ってしまうかもしれません．例文や会話例を考える際，積極的に活用して，学習者がオノマトペの音と意味とのつながりを直観的に感じる機会を増やしましょう．日本語母語話者の間である程度共有している音感を学習者は持っていないので，初めは戸惑うかもしれませんが，もうこれは慣れてもらうしかありません！

List 14　知っておくと便利なオノマトペ

ア行	あつあつ　いきいき　いじいじ　いそいそ　いちゃいちゃ　いらいら　うきうき うじうじ　うずうず　うとうと　うろうろ　うるうる　おたおた　おどおど　おろおろ
カ行	かさかさ　がさがさ　かたかた　がたがた　がつがつ　からから　がらがら　かりかり がりがり　がんがん　きょろきょろ　きらきら　ぎりぎり　ぐうぐう　くすくす くたくた　くねくね　くよくよ　くらくら　ぐらぐら　くるくる　ぐるぐる　げほげほ けらけら　げらげら　ごくごく　こそこそ　こちょこちょ　こりこり　ごろごろ
サ行	ざーざー　さくさく　さらさら　ざらざら　しくしく　しとしと　じとじと　じめじめ しょぼしょぼ　じわじわ　すいすい　すかすか　ずかずか　すべすべ　すやすや すらすら　ずらずら　するする　ずるずる　ぜえぜえ　そよそよ　ぞろぞろ　そわそわ
タ行	だぶだぶ　だらだら　ちくちく　ちょろちょろ　ちらちら　つやつや　つるつる つんつん　てかてか　てきぱき　てくてく　でれでれ　どかどか　どかん　どきどき とことこ　どしどし　どたどた　とぼとぼ　とろとろ　どろどろ　とんとん　どんどん
ナ行	なみなみ　なよなよ　にこにこ　にたにた　にやにや　にょろにょろ　ぬくぬく ぬるぬる　ねちねち　ねとねと　ねばねば　のそのそ　のびのび　のほほん　のろのろ
ハ行	ぱくぱく　ばらばら　ぱりぱり　ぴかぴか　びくびく　ぴくぴく　ぴちぴち　ひらひら ひりひり　びりびり　ぴりぴり　ぶーぶー　ぶかぶか　ぶつぶつ　ふらふら　ぶりぶり ぷるぷる　ふわふわ　ぺこぺこ　べたべた　ぺちゃぺちゃ　べったり　ぺったり べとべと　へとへと　へらへら　べらべら　ぺらぺら　べろべろ　ぺろぺろ　ほかほか ぽかぽか　ぼそぼそ　ぽたぽた　ぽっちゃり　ぽってり　ぼろぼろ　ぽろぽろ
マ行	まごまご　まじまじ　みしみし　むかむか　むきむき　むしむし　むしゃくしゃ むしゃむしゃ　むずむず　むちむち　むらむら　むんむん　めそめそ　めきめき めらめら　もぐもぐ　もじゃもじゃ　もそもそ　もやもや　もたもた　もりもり
ヤ行	やんわり　ゆさゆさ　ゆらゆら　ゆるゆる　よたよた　よちよち　よぼよぼ　よろよろ
ラ行	らくらく　らんらん　るんるん
ワ行	わーわー　わいわい　わさわさ　わくわく　わなわな　わらわら　わんわん

【オノマトペの使い方】

オノマトペを教えるといっても，いくつかの用法がありますので，以下のような副詞の使い方をまんべんなく会話例や例文に入れていくとよいでしょう．

使い方①：動詞を修飾する

- 日本人にジロジロ見られるのに慣れた．
- そんなにブーブー言わないでよ．
- アイスがボタボタ落ちているよ．

使い方②：「副詞＋する」で動詞化する

- 最近，花粉で鼻がムズムズする．
- 週末は彼氏とベッタリしたい．
- 電車でイチャイチャするカップルってどう思う？

使い方③：「副詞＋している」で人や物の性質・属性を表す

- けんって，歩き方がドタドタしているよね．
- うわ，この牛乳，大丈夫？　ドロドロしているよ．
- ヒラヒラしている服がほしい．

使い方④：「副詞＋だ」で述語になる

- このシャツ，私にピッタリだよ．
- おなかがペコペコだよ．
- あの店，いつもガラガラだよね．

使い方⑤：「副詞＋の」で名詞を修飾する

- ピチピチのシャツを着る男の人，どう思う？
- 温泉でムキムキの人を見た．
- ご飯がパラパラのチャーハンが食べたい．

【オノマトペの音調に注意！】

オノマトペを教える際，音調も押さえておきたいポイントです．同じオノマトペでも，様子を表す場合と，結果の状態を表す場合とでは音調が異なります．以下の2文の「ツルツル」の音調を比べてみてください．

---

a. 気をつけて．この廊下は<u>ツルツル</u>すべるよ．

b. このクリームを3週間使うと，手が<u>ツルツル</u>になるよ．

違いがわかりましたか．様子を表すときの音調は頭高型（高低低低）ですね．一方，結果の状態を表すときの音調は平板型（低高高高）になります．このルールが以下の文にも当てはまるかどうか確かめてください．

---

① a. 温泉に入って，体が<u>ポカポカ</u>したよ．
   b. 温泉に入って，体が<u>ポカポカ</u>になったよ．

② a. かき氷を<u>ガリガリ</u>食べて，おなかが痛くなった．
   b. 5日間，遭難して，<u>ガリガリ</u>になった．

はい，きちんと当てはまりましたね．さて，ちょっとここで試してもらいたいことがあります．aの文をbのオノマトペの音調で読んでみてください．次に，bの文をaのオノマトペの音調で読んでみてください．とても難しいことに驚いたでしょう．あ，誰もいないところでやってくださいね．くれぐれも電車の中などではしないように．変な人だと思われる可能性が高いですから．

■話し手の心の中の様子を表す副詞

本Unitで紹介する2つ目の副詞は，話し手の心の中の様子を表すものです．まずは，以下の文のカッコには何も入れずに音読してみてください．エマがミンと話しています．

> ゆかの新しい彼氏，（　　　）うさんくさかったね．

では，カッコの中に「やっぱり」「案外」「むしろ」を順番に入れて読んでみてください．ここでもまた「プッ」と吹き出しましたか．ゆかの新しい彼氏に対してエマとミンが心の中で抱いていたイメージが一気にあなたの頭の中に広がり，3つの違いに驚いたのではないでしょうか．

以下は，上の発話に「やっぱり」を入れたものです．

> ゆかの新しい彼氏，<u>やっぱり</u>うさんくさかったね．

この発話では，「やっぱり」があるだけで，ゆかの新しい彼氏に会う前に，何かしらの理由を挙げながら，うさんくさいのではないかとエマとミンが話し合っていた様子が想像できます．例えば，彼氏がどこの大学に通っているか教えてくれないとゆかが言っていた，ゆかに見せてもらった写メで彼氏がいつもサングラスをかけていた，などです．

ついでに，Unit 1のテクニック②（p.21）で紹介したやり方で，以下のように，副詞を発話末に持ってくると，副詞が持つ意味（心の中の様子）の余韻が残りますし，よりくだけた感を醸し出すこともできますね．

> ゆかの新しい彼氏，うさんくさかったね，<u>やっぱり</u>．

では，「やっぱり」の代わりに「むしろ」を入れた発話を考えてみましょう．

> ゆかの新しい彼氏，<u>むしろ</u>うさんくさかったね．

「むしろ」でゆかの新しい彼氏に会う前，エマとミンはゆかの彼氏が好青年だという予想をしていたことがうかがえます．好青年だという考えに至った理由（例．ゆかからさわやかだと聞いていた，ゆかのタイプがさわやかな人だと聞いていた）を挙げながら，ああだこうだ話している様子が目に見えるようです．そして，彼氏に出会って，予想が裏切られたことも瞬時に読み取れます．

このように「やっぱり」「むしろ」と，たった1語の差でこんなに異なる話し手の心模様が相手の頭の中に鮮やかな広がりをみせるのです．雑談には「自己開示」がつきものです（詳しくは『雑談の正体』p.107を参照）．自分の気持ちを相手に伝えることは自己開示の1つですが，心の中を表す副詞はたった1語でこの役割を果たすことができます．その結果，相手との心のつながりが深くなり，楽しい雰囲気で雑談ができるようになります．

Chapter 2　雑談力アップに役立つ 語彙・表現

【話し手の心の中の様子を表す副詞の例】

話し手の心の中の様子を表す副詞には List 15 のようなものがあります.

List 15 の副詞を使った会話例をいくつか紹介します. 最近, 感心するぐらい日本語が上手な外国人たちをテレビで見ますが, 彼らは下線部のような副詞を実に上手に使っています. 反対にいえば, この手の副詞を使えば, それなりの日本語力の学習者でも日本語が一気に上手に聞こえてしまう「魔法の副詞」だと私たちは考えています.

> ミン:明日アキバに買いに行くから, <u>ついでに</u>けんのも買ってこようか.
> けん:え, いいの? そうしてくれたら, めっちゃ助かる.

> エマ:けん, 今日の練習, 完璧なステップだったね. <u>さすが</u>.
> ゆか:朝まで, あんなに飲んだのにね.

> けん:エマは何にする?
> エマ:何にしようかな. けんは, <u>どうせ</u>, またつけ麺の大盛りでしょ.
> けん:ビンゴ!

> ミン:ゆか, ごめん. ゆかの誕生日, <u>うっかり</u>ゴリちゃんに言っちゃった.
> ゆか:え, 別に秘密じゃないよ. (笑)

> ゆか:宝くじで10万円当たったら, どうする?
> ミン:10万円……だったら, <u>思う存分</u>, UFOキャッチャーするかな.

> けん:ここ, まだ東京だよね?
> ミン:八王子だから, <u>一応</u>まだ東京だね. (八王子在住の方, スミマセン!)

リスト内の「もちろん」以外は, 一般的に中級以上のレベルで扱われるものですが, この「魔法」のような効果を考えると, 初級レベル, もしくは初級が終わった直後ぐらいからもっと積

List 15　話し手の心の中の様子を表す副詞

□ 相変わらず	□ 運よく	□ 実は	□ どうせ
□ あいにく	□ 思い切って	□ 所詮	□ とりあえず
□ あえて	□ 思い切り	□ 少なくとも	□ なんとなく
□ あくまでも	□ 思う存分	□ 進んで	□ まさか
□ 案外	□ 思った通り	□ せっかく	□ むしろ
□ 案の定	□ 思わず	□ せめて	□ もしかして
□ 意外{と／に}	□ 心置きなく	□ そろそろ	□ もちろん
□ 一応	□ 幸い	□ たかが	□ やっぱり
□ いっそ	□ さすが	□ たまたま	□ わざと
□ うっかり	□ さすがに	□ ついでに	□ わざわざ

Chapter 2　雑談力アップに役立つ 語彙・表現

極的に教えてもよいのではないかと思います．発話内容の裏にある話し手の心の様子で発話に奥行きがぐっと出ます．え？「日本語レベルがそんなに高くない学習者がこんな副詞を使ったら，彼らが使える語彙や文法表現レベルにそぐわない」ですって？　いえいえ，まったく問題はありません．そんなことを考えるのは日本語教育関係者だけです．万が一，相手がそう思ったとしても，「あ，よくそんなことばを知ってるね」というよい意味での驚きです．

　私たちが考える雑談指導の目標は，学習者の現状の語彙力や文法知識だけに頼った「つまらない」雑談ができるようにすることではなく，教師の発想を少し変え，それにちょっとしたプラスアルファを加えることで，学習者と話している相手が「楽しい」「もっと雑談したい」と思ってくれるような雑談力をつけてもらうことなのです．「相手の日本人が自分と楽しく話してくれている」と感じることが，学習者自身の楽しさ，日本語で話す喜びにも直結するのです．

Chapter 2

Unit 6　比べる表現を使いこなす

ミン：ゆかって，そば派？　うどん派？

ゆか：え，なに，その質問．

ミン：なんか関東の人は，そばが好きな人が多いってテレビで言ってたから．

ゆか：ああ，そうなの．私も，どっちかって言うと，そば派かな．

ミン：へー．

ゆか：でも，まあどっちも好きだよ．ミン君は？

ミン：ぼくはうどんかな．

ゆか：なんで？

ミン：そばと比べて，量が多いから．

ゆか：それって学食の話でしょ．（笑）

　　日本人と学習者（または学習者同士）の雑談と，日本人同士の雑談を比べたとき，話す内容で何が大きく異なると思いますか．違いの1つに，前者は後者に比べてお互いの国，人，文化などを「比べる」機会が多いことが挙げられます．このことは，私たちが実施した話題に関するアンケート結果からも実証されています（p.10の「雑談の話題」の「それ以外の話題」を参照）．

　　つまり，「比べる」際に便利な単語や（文法）表現を知ることは，学習者が雑談を円滑に行う上で非常に有益なのです．しかし，初級レベルの学習が終わったばかりの学習者は，比較するときに使える表現をまだそれほどたくさんは知らないはずです．

■比較の表現

　　初級レベルを終えた学習者が，比較表現で知っているものの代表格といえば，

● えりのほうがゆかより盛ってるよね．（ご飯ではありません．メイクや写真加工のことですよ）

● この中でミンがいちばん盛っちゃってるね．（こちらはご飯です）

でしょう．比較するものの差があまりない場合もありますので，

● どちらかというと，

● どっちかっていうと，

● そんなに変わらないけど，

などの表現も知っておくと便利でしょう．

● そんなに変わんないけど，ミンのほうがけんより高いんじゃない？（身長）

● コンビニは，どっちかっていうと，韓国のほうが日本より多いような気がするけど．

「～のほうが～よりも～」「～中で～がいちば
ん～」以外にも，

> ● 日本の男性と比べると，韓国の男性は
>   やさしいよ.
> ● 他の人と比べて，エマの趣味はマニアッ
>   クだからね.
> ● ミンはプロの料理人くらい，料理が上
>   手だよ.
> ● 今の彼氏は元カレほどやさしくないよ.

など他の比較表現のバリエーションも知ってお
くと，きっと話が膨らむことでしょう.

■ 嗜好を表す「～派」

こなれた感が出せる，嗜好を表す接尾辞に
「～派」があります. 例えば，

> 麦と芋，どっちのほうが好き？（もちろん
> 焼酎の話です）

と聞かれたら，

> 芋のほうが好き.

と答えることもできますが，「～派」を使って

> 私は芋派.

と答えることもできます. 芋焼酎と麦焼酎の話
になっているときに，「どっち派？」と質問で「～
派」を使うこともできます. 以下のように「～派」
の前に動詞を用いることもできます.

> ● 私はどっちかっていうと，追うより，
>   追われたい派かな.（もちろん恋愛の話

です）
> ● 私は先に食べる派.（好きなものを先に
>   食べるか最後まで残しておくかという
>   質問に対して）

比較を表すときにも，このようにこなれた感
を出すことばが使えたら，イケてる（死語？）
学習者になれるのではないでしょうか？

■ 類似を表す表現

初級レベルが終わったばかりの学習者によく
「先生，"similar"って日本語で何ですか」と聞
かれます. 確かに,何かが何かに似ている（類似）
と言いたいときに使える単語や表現を,初級レ
ベルではほとんど学習しないのではないかと思
います.

類似を表す代表的な単語に「似ている」があ
ります.

> ● 就活は恋愛に似てるって本当？
> ● 日本の餃子はドイツのマウルタッシェ
>   ン（Maultaschen）にすごく似てるよ.

その他にも

> ● マリアのアメリカの実家は映画のセッ
>   トみたいな家なんだって.
> ● 私の日本語の先生の話し方は私のお母
>   さんにそっくりだよ.
> ● エマの考え方っておばちゃんっぽいよね.
> ● けんって，彼氏というより，お父さん
>   に近い感じ.

などのように類似を表すことができます. また
質問をする場合は以下のように言えます.

Chapter 2　雑談力アップに役立つ 語彙・表現　　49

- 日本にマイケル・ジャクソンみたいな歌手いる？
- 日本にまだ侍っぽい生活をしている人いる？（時々，マジメにこの手の質問をしてくる留学生がいます）

共通点がある事物を表すときも，

- ウイスキーもブランデーもたくさん飲めば酔っ払うよ．
- デザートのために別腹があるのは，どこの国でも同じだね．
- 日本とアメリカってどっちもシングルマザーには生きにくい社会だよ．
- 国が違っても，男が考えることはどこもほとんど一緒だよ．
- 私の国は日本と同じで，豚肉よりも牛肉のほうが高いよ．
- 男の寿命が短いのは，日本とアメリカ，どっちも同じだよ．
- 最近テレビドラマの人気がないのは，私の国も日本も同じだよ．

など多くの表し方があります．

■相違を表す表現

2つのものが違うことを表したいときは，

- 私，エマ・ワトソンに似てないよ．目の色も違うし．
- 私，アニメキャラみたいな高い声じゃないって．大ショック！

などと，基本的に類似の表現を否定にすれば大丈夫です．その他にも「違う」を使って

- 現実は理想と違うって！　そんなにあまくないよ．
- さとしはいつも先生に言うことと私たちに言うことが違うね．最低．
- 知美は恵美と違って，すぐキレるからね．あんまり深入りしないほうがいいよ．

と相違を表すことができます．

双方に共通点がほとんどないという場合は以下のようにも言えるでしょう．

- 実物が聞いてた話と全然違うから，ビックリしたよ．初め誰かわからなかったもん．
- 私の兄の性格は弟と正反対．兄は真面目だけど，弟はチャラ男．

もっとこなれた感を出すには

たけしの今カノって元カノと真逆だよね．たけしって誰でもいいんじゃない？

なども知っておくと便利です．

■似ているものがないときの表現

何かについて話していて，それに似ているものがない場合，以下のような表現が便利です．

- 今の日本にK-POPみたいなバンドはないね．
- さとし君に似てる顔の人に会ったことないよね．顔のパーツが日本人離れしてるよね．
- 『シブい』の意味に近い英語はたぶんないと思うけど……．
- 彼氏もいないし，彼氏っぽい人もいない！

雑コラム②
「日本の意外なこと」

　留学生がする雑談の話題の中に「自国と日本の違う点」というのがありましたが，彼ら・彼女らが日本に来て意外だったことはいろいろとあるようです．みなさんも耳にしたことがあるかもしれませんが，まずは自動販売機の多さです．動詞の活用もまだおぼつかない初級の学習者の口から「ジハンキ」ということばが飛び出したときには若干違和感を覚えた私です．このジハンキで買える商品に関しては，たばこやアルコールがやはりいちばんびっくりするようです．温かいコーンスープもけっこう好評です．

　また日本人の食生活は健康的だと思っていたところ，マヨネーズがよく使われていることが意外だったそうです．特にサラダやピザにマヨネーズがかけてあるのは，軽いカルチャーショックレベルだということです．

　さらに留学生からよく聞くのが，道のきれいさです．これはゴミが落ちていないというだけではなく，舗装の整備もきちんと行き届いていることも含まれているそうです．先日，アメリカ人の留学生の発表があったのですが，その留学生が住んでいる地元では舗装されているにも関わらず，道が凸凹で，雨が降ったら水たまりが至る所にできていると言っていました．

　最近留学生から聞いていちばん意外だったのが，日本の山々が非常にきれいでびっくりしたということです．これは多くの留学生が同意見でした．町が山に囲まれていること，三角錐の典型的な山が多いことなどがその理由のようです．北米大陸からの留学生だけではなく，その雄大な自然の美しさで私たち（私だけ？）があこがれる北欧からの留学生も日本の緑は実に美しいと力説していました．

　あとはテクノロジーの最先端だと思っていたのに，無料のwifiが使えるエリアが少ない，クレジットカードの使えない店が多すぎる，そして，テクノロジーとは関係ありませんが，日本の菓子パン（特にメロンパン！）はおいしすぎる，などまだまだ意外なことは多いようです．

　私たち日本人にとっては当たり前すぎて普段意識していないけど，外国人の目には衝撃的なことってけっこうありますよね．そんな日本のいいところ，悪いところ，ユニークなところに気づかされるのも，外国人と雑談をすることの醍醐味ですね．

Chapter 2 Unit 7 自分の態度を前置きする

ミン：<u>前から気になってたんだけどさー</u>，
ゆか：あ，何？
ミン：ゆかの家ってさ，お金持ちなの？
ゆか：え，何，急に．（笑）
ミン：え，だって軽井沢に別荘あるし．
ゆか：あ，あれ．なんか<u>よく知んないんだけど</u>，お父さんのほうのおじいちゃんがお金持ちだったみたい．
ミン：へえ，そうなんだ．

いきなりですが，あなたはつい最近ダイエットを始めたとします．そして，それを相手に伝えます．

> 私，ダイエット始めたんだ．

このとき，あなたはこの自分の発話に対して，何かしらの気持ちを持っているはずです．ここではその気持ちを「態度」と呼ぶことにします．その態度を表すのが，本 Unit で扱う前置き表現です．例えば，ダイエットを始めるという行為が人に言えない恥ずかしいものだという態度をとっている場合は，

- <u>言うのは恥ずかしいんだけど</u>，私，ダイエット始めたんだ．
- <u>秘密なんだけど</u>，私，ダイエット始めたんだ．

などと前置きをすることができます．このような前置き表現によって，相手に発話内容をどのように捉えてほしいのかを伝えることができるため，相手が話し手の発話内容を理解するのに役立ちます．

■自分の態度を前置きする表現リスト

前置き表現のほとんどが「〜んだけど」という形を用いています．「〜んだけど」は，談話標識（会話において，発話の流れや内容の境界を示したり，発話内容の意味づけをしたりする働きを持つことば）の1つで，それ以降で話される内容を理解するために聞き手が必要とする背景情報を提示するために使われます．リストの表現では，「話し手の発話に対する態度」を発話の背景情報として理解したうえで聞いてほしいということを伝えるために「〜んだけど」が使われているわけです．

挙げればきりがありませんが，まず初めに次のページの List 16 のようなものから覚えていけば学習者の雑談の役に立つはずです．

List 16　自分の態度の前置き表現

- □ あんまり言いたくないんだけど
- □ 言いたくなかったらいいんだけど
- □ 言いにくいんだけど
- □ 言いにくかったらいいんだけど
- □ 言うのは恥ずかしいんだけど
- □ 今まで言わなかったんだけど
- □ 今まで黙ってたんだけど
- □ 嘘みたいな話なんだけど
- □ 怒らないでほしいんだけど
- □ 聞いてびっくりしたんだけど
- □ 聞きたいことがあるんだけど
- □ ここだけの話なんだけど
- □ この間，言うの忘れてたんだけど
- □ これ秘密なんだけど
- □ 知っているかもしれないけど
- □ 信じてくれなくてもいいんだけど
- □ 信じられないかもしれないんだけど

- □ 相談があるんだけど
- □ 大したことじゃないんだけど
- □ ただの噂だと思うんだけど
- □ たぶん嘘だと思うんだけど
- □ たぶん違うと思うんだけど
- □ たぶん見間違いだと思うんだけど
- □ 別に意味はないんだけど
- □ 本当かどうかよく知らないんだけど
- □ 前から聞きたかったんだけど
- □ 前から気になっていたんだけど
- □ 前にも同じ話をしたかもしれないけど
- □ 間違っているかもしれないけど
- □ 無理だったらいいんだけど
- □ もう聞いたかもしれないけど
- □ もう知っているかもしれないけど
- □ よく知らないんだけど
- □ 悪いんだけど

自分の態度を表す前置き表現は，ざっと考えただけでも，以下のようなときに役立ちます．

① 相手を信頼している，または特別扱いしている自分を演出したいとき

- ◉ 秘密なんだけど，私，ミンが気になってるんだ.
- ◉ ここだけの話なんだけど，ムラッチが時々するドヤ顔がほんとイラっと来るんだよね.
- ◉ 相談があるんだけど，今日の午後，時間ある?

② 相手に言いにくい，聞きにくい，頼みにくい内容を伝えるとき

- ◉ あんまり言いたくないけど，あの人と付き合うのはやめたほうがいいかなと.
- ◉ ちょっと言いにくいんだけど，俺には，やっぱりそれはできないよ.
- ◉ 怒らないでほしいんだけど，明日のコンパ，行けなくなっちゃった.
- ◉ たぶん違うと思うけど，最近目をちょっとイジった?
- ◉ 無理だったらいいんだけど，けん君をさ，私にちょっと紹介してくんない?

Chapter 2　雑談力アップに役立つ 語彙・表現　53

③ 相手がすでに知っている可能性がある情報を伝えるとき（一方的な情報伝達を回避）

- <u>もう聞いたかもしれないけど</u>, 今朝, 山下先生, 事故ったんだって.
- <u>もう知ってるかもしれないけど</u>, ヨッちゃんと真美, またけんかしたんだって.

④ 今から話す内容がそれほど大きな意味を持たないと考えているとき, または, そう考えている自分を演出したいとき

- <u>別に意味はないんだけど</u>, つけ麺って好き？
- <u>大したことじゃないんだけど</u>, バイト, やめるかも.

Chapter 2 Unit 8　1つの話題について掘り下げて話す

［天気・気候］

エマ：昨日からなんかもう暑くて……．

けん：もうすぐ7月だからね．

エマ：7月よりも8月のほうが暑いんだよね？

けん：あ，そうだね．もっと暑くなるよ．

エマ：いやだなー．なんかさ，日本人ってあまりノースリーブ着ないよね．

けん：あ，あんまり着ないかな．

エマ：なんで？　日焼けするから？

けん：なんか，虫を捕りに行く子どもみたいだからかなー．

エマ：意味わかんない．（笑）

けん：あ，日本人ってあんまり汗かかないからかな．

エマ：目の前の日本人，めっちゃ汗っかきじゃん．

けん：あ，これでも毎朝デオドラント使っているんだけど……．

エマ：日本のデオドラント，弱すぎるんじゃない？（笑）

［恋愛］

ゆか：エマってどんな人が好み？

エマ：え？　好みってタイプのこと？

ゆか：あ，うん．なんかある？

エマ：え，私，面食いじゃないし……あっ，でも眼鏡フェチかも．

ゆか：え，そうなの．

エマ：うん，あ，あと，細マッチョ系よりもポッチャリ系がいいかな．

ゆか：え，じゃあ，あきら君，ドンピシャじゃん．

エマ：誰，それ？

ゆか：あ，今度紹介する．

■教科書の語彙と雑談の話題

　初級レベルの日本語総合教科書は，学習者が日本での生活に困らないように，さまざまな分野の語彙を，偏りなく，広く浅くカバーしています．しかし，長所と短所は時として表裏一体です．広く浅くカバーしているということは，初級レベルで学ぶ単語だけで1つの話題について深く掘り下げて話し続けることは非常に難しいということです．

「でも，その問題は中級レベルの学習である程度解消されるのではないか」と思った方もいるでしょう．しかし，現在市販されている中級日本語の総合教科書・教材の多くは，急に改まったアカデミック色の強い内容になっています．つまり，学習者は初級レベルで基本的な語彙を学んだあと，中級レベルでは主に抽象的，専門的な語彙を学ぶことになるので，日常会話（特に雑談）で1つの話題について深く掘り下げて話すことができません．多くのことを語るために欠かせない単語がすっぽり抜けてしまっているのです．この点で，現在，市販されている日本語教育関連教材の多くは，雑談向きではないといえます．マジメで専門的な会話，フォーマルでアカデミックな会話はできるようになるかもしれませんが，市販の教科書や教材だけに頼っている限り，身近ないろいろな話題で親しい友達と大いに雑談に花を咲かせるといったことがなかなかできるようにはならないのです．

1つの話題で雑談を掘り下げたり，発展させたりしていくのに不可欠なのはその話題に関連する単語です．しかし，日本語の授業で雑談に便利な単語を話題別に教えることなどまずないでしょう．1つの話題にだけ使えるような単語を教える時間もないし，そんな余裕があるなら，（日本語能力試験や学校の定期テストのために）教科書の単語や文法表現にもっと時間をかけたいというのが教師の本音でしょう．

しかし，あなたが教えている学習者の気持ちはそうではないかもしれません（Chapter 1「学習者の雑談状況を知ろう ―留学生106人の声―」を参照）．今度学習者に雑談に便利な話題別の語彙を知りたいかどうか聞いてみてください．きっと多くの学生が知りたいと言うはずです．そして，知りたいと言う学習者が多い場合は，彼らが興味のある話題で使えそうな単語や表現などを教える時間を少しでも作ってみてはどうでしょうか．1回の授業をまるまる使う必要などありません．時間的に余裕があるときに，少しずつ教えていけば学期（コース）の終わりごろには，かなりの数になるはずです．「ちりも積もれば山となる」作戦です．通常の授業に，このようなセッションを時々入れることで学習者の学習意欲も刺激でき，授業のマンネリ化もきっと回避できるでしょう．

さて，さまざまな分野の語彙を広く浅くカバーしている初級レベルの総合日本語教科書ですが，そうした語彙だけでもある程度話ができる話題もある一方，ほとんどできないような話題もあります．ここでは，そのような話題から1つずつ例を紹介したいと思います．

■話題①：天気・気候

まずは初級レベルの語彙でも，ある程度は話せる話題から．それは，「天気・気候」の話題です．雑談の話題と聞いて多くの方がまず初めに思いつくのも，この話題ではないでしょうか．天気・気候の話題に関する単語は，初級日本語の教科書でもかなりの数が導入するされており，簡単な雑談ができるだけの語彙は揃っているほうです．一例を挙げると，初級日本語の代表的な教科書の1つ『みんなの日本語』（スリーエーネットワーク刊）では， List 17 の単語を扱っています（単語右上の数字は新出の課）．

List 17　天気・気候に関する語

- 傘 [2]
- 暑い [8]
- 寒い [8]
- 冷たい [8]
- 暖かい [12]
- 涼しい [12]
- 季節 [12]
- 春 [12]
- 夏 [12]
- 秋 [12]
- 冬 [12]
- 天気 [12]
- 雨 [12]
- 雪 [12]
- 曇り [12]
- 降ります [14]
- 明るい [16]
- 暗い [16]
- だんだん [19]
- 地震 [29]
- 吹きます [32]
- 止みます [32]
- 曇ります [32]
- 晴れます [32]
- 空 [32]
- 太陽 [32]
- 星 [32]
- 月 [32]
- 風 [32]
- 汗 [39]
- 暖房 [43]
- 冷房 [43]
- 空気 [44]
- 濡れます [44]
- 急に [45]
- 天気予報 [47]

【天気・気候の具体的な話の始め方】

しかし，上のリストにある単語を習ったからといって，天気・気候の雑談が難なくできるほど雑談はあまくありません．試しに教室で天気・気候の単語を導入した後に，この話題で雑談をやらせてみてください．どうやって始めたらよいのか戸惑う学習者が，きっとたくさんいると思います．そうなんです．雑談の始め方，切り出し方がけっこう難しいのです．私たちのアンケートでも，「話したい話題の自然な切り出し方が難しい」という留学生の声がありました．

天気・気候の話題は雑談の開始部分で最初に取り上げられることも多い話題ですので，この話題の上手な切り出し方さえ覚えておけば，あまり苦労せずに雑談を始めることができます．天気・気候の話題の雑談の開始部分で使われる表現をいくつか覚えておくことは，そうした意味でとても有益なことだといえるでしょう．

初級レベルの学習を終えた学習者なら誰でも知っているものといえば，

- 今日は暑い（です）ね．
- 今日は寒い（です）ね．

などでしょう．これらはそんなに親しくない人へのあいさつ的な雑談としても使えますが，学習者にもっと表現のバリエーションを持たせてあげたいものです．例えば，以下のような表現です．

- 最近，｛暑く・寒く｝ない？
- 最近，｛春・夏・秋・冬｝らしくなってきたね．
- 最近，｛暑く・寒く・涼しく｝なってきたね．
- 最近，雨が多｛いね．・くない？｝
- 最近，｛雨の・晴れの・くもりの・風が強い｝日が続くね．
- 雨が降りそう｛だね．・じゃない？｝
- 午後から，雨が降るらしいね．

このような発話の後に続く相手からのリアクションの多くは「そうだね」などの同意でしょう．その後，どのように会話をつなげていけるのか，という点まで考えて練習をしていくことが雑談指導には求められます．次の会話はその具体的な例です．

Chapter 2　雑談力アップに役立つ語彙・表現　　57

エマ：最近，暑くなってきましたね．
隣人：そうですね．
エマ：今日も暑いんですかね *.
〈続く〉

* 「〜かね」という発話末の形は通常の授業では扱わないと思います．しかし，スピーチレベルが丁寧体で，一方的な情報要求行為を和らげる，または避ける必要がある場合，知っておくと便利です（「これ，おいしいですかね」「田中さん，ちゃんと来ますかね」）[「ね」に関しては，Unit 19 を参照]．

ミン：最近，なんか寒くない？
ゆか：寒いね．
ミン：今からもっと寒くなるのかな．
〈続く〉

上の 2 つの例では，隣人，ゆかの同意の後，エマ，ミンが天気・気候の話を続けています．相手がそれほど親しくない場合や，雑談を続ける必要がないと感じた場合，この後，発話を 2，3 交わして終わるかもしれません．しかし，この話題でもっと雑談を続けたい場合もあるでしょう．そんなとき，先ほどのリストに挙げられた単語しか知らないと，同じ天気・気候の話題で話し続けることはなかなか難しいのです．

【身近な・個人的な事柄に結びつけられる語彙力】

それはなぜかというと，先ほどのリストにある天気・気候に関する単語は，一般的・客観的な事柄を述べるものに偏っているからです．言い換えれば，天気・気候に関連して，身近な，または個人的な出来事について話す際に役立つ単語が少ないのです．例えば，「最近暑くなった」という気候の変化が話し手の日常生活にどんな

影響を与えているのか，リスト内の単語ではほとんど話すことができません．しかし，「日焼け」「半袖」などの単語も知っていれば，天気・気候という自然現象の話題を，身近な，個人的なレベルにまで引き寄せることができます．例えば，以下のような流れです．

ミン：最近，暑くなってきましたね．
隣人：そうですね
ミン：もう日焼けがすごくて．
〈続く〉

エマ：最近，寒くない？
けん：ほんと，寒い．
エマ：今日から長袖．
〈続く〉

同じ天気・気候の話題でも，一般的な自然現象として客観的に話すよりも，身近な出来事として，または個人的な体験に結びつけて話したほうが，話し手と相手との心理的な距離（よそよそしさ）は縮まりますし，話を発展させやすいでしょう（これも「自己開示」の効果です）．また，話し手や相手の個人的な体験の話をしたほうが，話していて，また聞いていて楽しいに決まっています．

では，天気・気候の話題を身近な，または個人的な話に持っていくには，どんな単語を知っていればいいでしょうか．例えば，**List 18** のような単語はどうでしょう．

Unit 冒頭の天気・気候の会話例も，この中の単語をいくつか使っています．このような単語を使うことで，当たり障りのない天気・気候の話題から身近な話へ，ぐんと楽しい雑談へと移っていけるはずです．

List 18　天気・気候の話題と身近な話題をつなぐ語・表現

- □ 汗 (をかく)
- □ 汗っかき
- □ 頭がクラクラする
- □ 暑がり
- □ 雨の確率
- □ 折りたたみ傘
- □ 蚊 (に刺される)
- □ 重ね着
- □ 傘をさす
- □ 加湿器
- □ 花粉 (症)
- □ かゆい
- □ 気温 (最高〜／最低〜)
- □ 空気が乾燥している
- □ くしゃみ (が出る)
- □ 寒がり

- □ 紫外線 (が強い)
- □ じめじめする
- □ 咳 (が出る)
- □ 洗濯物が乾く
- □ デオドラント (をする)
- □ 手袋 (をする)
- □ 長袖
- □ 涙 (が出る)
- □ 熱中症
- □ ノースリーブ
- □ (晴れ) のち (曇り)
- □ のどがイガイガする
- □ 肌がカサカサする
- □ 肌が乾燥する
- □ 肌寒い
- □ 鼻がつまる

- □ 鼻がムズムズする
- □ 鼻水 (が出る)
- □ 半袖
- □ 冷え性
- □ 日陰 (に入る)
- □ 日傘
- □ 日差し (が強い)
- □ 陽に焼ける
- □ 日焼け (する)
- □ 日焼け止め (を塗る)
- □ マスク (をする)
- □ まぶしい
- □ マフラー (をする)
- □ 蒸し暑い
- □ 虫よけ (をする)
- □ わき汗

■話題②：恋愛

　教科書の語彙ではほとんど話せない話題，しかし多くの学習者が話したい話題の代表が「恋愛」です．

　天気・気候に関する語彙とは違い，一般的な初級の日本語教科書の中で恋愛話に役立ちそうな単語はほとんどありません．使えるものといったら，「(大)好きな」「(大)嫌いな」「紹介(する)」ぐらいです（「別れる」「振る」という単語を教えている教科書もありますが）．

　しかし，学習者だって私たちと同じ「人間」です．アンケート結果にもありましたが，親しい人や親しくなりたい人と日本語で恋愛話も楽しみたいはずです（自分の恋愛体験について話すことは，ある意味「究極の自己開示」だといえます）．

　では，一体どのような単語・表現が恋愛について話すときに便利なのでしょうか．周りの助けも借りながら考えてみました．それが，次のページの List 19 です．

List 19　恋愛に関する話をするときに役立つ語・表現

- □ 飽きる
- □ 遊び人
- □ アプローチ (する)
- □ イケメン
- □ 異性 (として見る)
- □ 一途
- □ 今 {カノ／カレ}
- □ 色気
- □ 色っぽい
- □ 内気
- □ うまくいく
- □ うまくいっている
- □ 浮気 (する)
- □ 追いたい派
- □ 重い
- □ 追われたい派
- □ 外見
- □ {顔／性格} 重視
- □ 片思い (をする)
- □ 彼女
- □ かまう (～てほしい／くれる)
- □ 体の関係
- □ 軽い
- □ {彼／彼女} いない歴
- □ 彼 (氏)
- □ 関係を持つ
- □ 気があう
- □ 気が {ある／ない}
- □ 気になる
- □ 逆ナン (する)
- □ 恋バナ
- □ 恋人

- □ 恋人募集中
- □ 告白 (する) ／コクる
- □ 好み
- □ コンパ
- □ 冷める
- □ 三角関係
- □ 嫉妬 (する)
- □ 嫉妬深い
- □ 失恋 (する)
- □ 紹介 (する)
- □ 女子
- □ ストライクゾーンが {広い／狭い}
- □ 性格 (が合う)
- □ 相思相愛
- □ 束縛 (する)
- □ タイプ
- □ ダメ元
- □ 男子
- □ 付き合う
- □ 尽くす (タイプ)
- □ 出会い
- □ 出会う
- □ 同性
- □ 同棲 (する)
- □ ドキドキする
- □ どこまでいったの？
- □ 年上
- □ 年下
- □ 年の差
- □ ドストライク
- □ 友達以上恋人未満

- □ ドンピシャ
- □ 内面
- □ ナンパ (する)
- □ 年齢
- □ ハードルが高い
- □ パーフェクト
- □ バレバレ
- □ ばれる (浮気／不倫が～)
- □ ひきずる (元カレ／元カノのことを～)
- □ 人見知り (する)
- □ 一目ぼれ
- □ ～フェチ
- □ 二股 (をかける)
- □ フリー
- □ 不倫 (する)
- □ 振る
- □ ほれる
- □ 見た目
- □ 脈 {アリ／ナシ}
- □ 面食い
- □ モテる
- □ 元 {カノ／カレ}
- □ 焼きもち (を焼く)
- □ 友情
- □ 理想
- □ 理想と現実のギャップ
- □ 両想い
- □ 恋愛
- □ 恋愛感情 (がある／ない)
- □ 別れ話
- □ 別れる

「えっ，こんなことばまで教えるの？」と思った方もいるかもしれません．すべて紹介するかどうかは別として，このような単語や表現を知っているかどうかで恋愛に関する雑談の楽しさがまったく違ってくることだけは確実です．下のやり取りをちょっと見てください．それぞれの会話例の後に続く雑談の盛り上がりが目に見えるようではありませんか！

ミン：けんって<u>面食い</u>？
けん：え？　おれは<u>ストライクゾーン広い</u>よ．

エマ：なんで朋美と別れたの？
とし：あんまり言いたくないけど，<u>二股かけられてた</u>んだ．

ゆか：かえでが好きなら，<u>告白したら</u>？
ミン：え？　いやー，すっごいタイプだけど，俺には<u>ハードルが高い</u>かな．

ゆか：菊池君って，今フリー？
菊池：うん，<u>彼女いない歴2年</u>．

恋愛話につきものの単語や表現に，体型・外見を表すものもあります．初級レベルの学習者が知っている「背が{高い・低い}」「やせている」「太っている」以外にも，下の **List 20** のような単語や表現を知っているとかなり役に立つはずです．
　あなたが考えるゆかの好みの男性を（　　　）の中に入れてみてください．

エマ：ゆかってどんな人がタイプなの？
ゆか：え，私，あんまり外見は気にしないけど，（　　　　　　　）がいいかな．

List 20　体型・外見を表す語・表現		
□（雰囲気）イケメン	□ ショートヘア／短髪	□ 中肉中背
□ しょうゆ顔／塩顔／ソース顔	□ ハゲ	□ 引き締まっている
	□ 髪が薄い	□ 筋肉質／ムキムキ
□ 顔が{濃い／薄い}	□ ひげが{ある／薄い／濃い}	□ ガッチリしている／ガッチリ系
□ 色白／色黒	□ 〜が似合う（眼鏡, Tシャツ, ジーンズ, など）	
□ 小顔		□（細）マッチョ
□ 二重／一重[目]	□ スタイルが{いい／悪い}	□ ぽっちゃりしている／ぽっちゃり系
□ ジャニーズ系	□ チビ	
□ 表情が{ない／ある}	□ デブ	□ 胸が{ある／ない／大きい／小さい}
□ 化粧が{濃い／薄い}	□ おなかが出ている	
□ 厚化粧	□ スマート[体型]	□ 不潔っぽい
□ ナチュラル・メイク	□ ほっそりしている	□ 清潔感がある
□ ロングヘア／長髪	□ ガリガリ	□ 派手

【恋愛の具体的な話の始め方】

恋愛話の始め方は，話し手と相手の恋愛状況によって変わってきます．これは他の雑談の話題にも当てはまりますが，あなた自身が，またあなたの周りの人が，どのように恋愛話を始めているかを考え，その中で学習者が使えそうなもの，特に慣用的なもの，を選び，学習者に示しましょう．

彼氏や彼女がいる人には

> ● 最近，彼氏とどう？
> ● 最近，彼女とどっか行った？
> ● 最近，彼氏見ないけど，元気？

いない人には

> ● 最近，いい出会い，あった？
> ● 最近，なんかいいことあった？
> ● 最近，なんかいいニュースあった？
> ● 彼氏，できた？

などでしょうか．

もちろん恋愛話は相手から聞くだけのものだけではなく，話し手（自分）の恋愛話で雑談を始めるときもあります．すでに恋人がいて，その恋人と順調だという話は自分から積極的にすると自慢話になってしまいますし，相手も他人の幸せ話はそれほど楽しめない（？）と思います．

そこで，ここでは恋愛でうまくいっていない人の場合をちょっと考えてみましょう．この場合も，慣用度の高いもののほうが学習者にとって有益であることはいうまでもありません．

まずは，恋人がいない人の場合，以下のような出だしはどうでしょうか．

> ● いい出会い，なんかないかな．
> ● 誰か，いい人いない？

> ● 誰か，いい人紹介して．
> ● 全然モテないんだけど，どうやったらモテんの？
> ● どうやったら彼女ができんのか教えてよ．
> ● 今，気になる人がいるんだ．
> ● あのさ，真美さんってどう思う？
> ● また振られちゃった．

次に，恋人がいるけれども，うまくいっていない場合

> ● 最近，彼女とうまくいっていないんだ．
> ● 付き合うって難しいよね．

などと言えば，次の会話のように相手がそこから話を引き出してくれるでしょう．

> ハナ：最近，彼氏とうまくいっていないんだ．
> ゆか：え，なんかけんかとかしたの？
> ハナ：大きなけんかはないけど，小さいけんかはいつもあるよ．
> ゆか：けんかの原因は？
> ハナ：原因は，いろいろあるけど，本当に小さなこと．
> ゆか：例えば，どこに遊びに行くとか？
> ハナ：そうそう．見る映画とか，どこで食べるとか．
> ゆか：へー．
> ハナ：毎日何回もメール来るし．けっこう束縛されている感じ．
> ゆか：重いかも．
> ハナ：重いでしょ．先週別れ話をしたんだけど……．
> ゆか：え，まじで？
> ハナ：うん，でももうちょっと続けてみようかって．
> 　　　　　　　　　　　　　〈続く〉

恋愛の話題でついついアツくなってしまいましたが，学習者だって恋愛をしますし，他人の恋愛にも興味があるでしょう．そうした話題で周りの日本人と雑談をしたいと思うこともあるはずです．日本語教科書のマジメな世界からゲンジツの日本語の世界へと自由に出入りできる力をつけてあげたいものです．

本 Unit では，1 つの話題について掘り下げて話し続けるために学習者に何が必要なのかを，「天気・気候」と「恋愛」の話題を例にとって考えてみました．雑談てよく取り上げられる話題は他にもたくさんあります（詳しくは『雑談の正体』p.48 を参照）．しかし，いちばんいいのは，あなたが教えている学習者に，どんな話題の雑談がしたいのか，普段しているのか，聞いてみることでしょう（本書のアンケート結果もぜひ参考にしてください）．それが話題別の雑談指導のスタートになります．位置について，よーい，ドン！

Chapter 2　雑談力アップに役立つ 語彙・表現　63

雑コラム③
「留学生が作る口説き文句」

 私は，毎学期，既習の日本語を使って，どんな口説き文句が言えるか授業を行っています．そんなときは，こちらがびっくりするぐらいにみな真剣に授業活動に取り組みます．学習者が口説き文句の授業でどんな口説き文句を作ったか（ほんの！）いくつか紹介します．大きく分けて，自国で使われているものをそのまま直訳したものと学習者が自分で作ったものに分けられます．しかし，前者は文法的に正しくても，何を意味するのか説明を受けるまでわからないものも多く，文化差を強く感じました．（きわどいものもありますが，ここではあえて，意味は載せないでおきますね．）

◎「電話番号教えてくれない？ 私の忘れちゃったんだ．」
◎「私のパンツの中でパーティーします．来てください．」
◎「地図がある？ あなたの目の中で迷っているんだ．」
◎「わあ，手が冷たくなっちゃった．手をちょっと貸してくれる？」
◎「今晩，寝させないよ．」
（こういうときはちゃんと使役形が使える！）

◎「明日の朝ごはんは何がいい？」
◎「その帽子好きだよ．でもそれをかぶっている人がもっと好き．」
◎「ここは天国？ 目の前に天使がいる．」
◎「きみのドレスは僕の部屋の床によく似合うと思うよ．」
◎女「彼氏がいるんです．」
　男「俺は金魚が2匹いるんですよ．」
　女「え？ どういうこと？」
　男「あ，ごめん．どうってことないことについて話していると思いました．」
◎男「今日疲れてない？」
　女「え？」
　男「昨日ずっと僕の頭の中で走っていたから．」

 うーむ，みんななかなかやりますな．日本ではちょっとお目にかかれなさそうな口説き文句ばかりです．しかし，好きな人を目の前にしてこんなセリフがすらすら口から出てくるのであれば，彼らの実践日本語力は本当に大したものですね！ 今後の参考にメモしとこ！（笑）

Chapter 2 Unit 9 日本人大学生が考える，教科書にない便利なことば

> ミン：今日の朝，めっちゃ<u>焦った</u>．
> ゆか：え，なんで？
> ミン：昨日，<u>寝落ちして</u>，朝起きたら，授業の20分前．
> ゆか：え，マジで．
> ミン：もう顔も洗わないで，学校に<u>猛ダッシュ</u>．
> ゆか：<u>ウケる</u>．

■ 大学生が使っている日本語

雑談の最大の目的は，相手との間にラポール（信頼関係や心が通じ合った状態）を生み出すことですから，相手に親近感を抱いてもらうことは非常に大切です．親近感を抱いてもらうポイントは，お互いの共通点を増やすことです．まったく趣味が異なる服を着ている人よりも，同じような服を着ている人に対してのほうが親近感が湧くでしょう．使うことばにも同じことがいえます．例えば，同じ方言（博多弁とか）を話す人や同じ世代語（若者言葉とか）を話す人には強い親近感，仲間意識を感じるはずです（『雑談の正体』p.80を参照）．そう考えると，学習者が相手と同じようなことばが使えるようになったら，（より）親近感を抱いてもらえるのは理の当然です．

アンケート結果から，雑談の相手として友達がダントツに多かったことを覚えていますか．友達の大半は，大学などで出会った同年代の人でしょう．そこで，本Unitでは，大学生が日常的に使うことばを扱います．えっ，なぜわざわざこんなUnitを作るかって？　それは日本語教科書にある語彙の選定は大学生（＝現役の若者）ではなく，かつて若者だった「おじさん・おばさん」が行っているからです．

■ 日本人大学生が考える便利な日本語

残念ながら私たち2人の「おじさん」も今の若者がどんなことばを使っているかあまり詳しくありません．そこで，日本語の教科書に載っていないだろうと思われる日本語で，知っておくと便利なことばを日本人大学生に考えてもらいました（ List 21 ～ List 24 ）．回答の中には，世代を問わず幅広く使われているような俗語的要素が強いことば，今の若者が好んで使う，いわゆる若者言葉，国語辞典に載っているようなまともなことば（しかし，初級レベルでは一般的に教えられていないことば）が混在していますが，これらの区別は本Unitの趣旨ではないので，そのまま載せることにします．協力してくれた日本人大学生の多くが関西出身でしたので，関西以外では使われていないものもあるかもしれません．リスト上の知らないことばは，家族や職場の現役の若者，そして学習者に聞いてみてください．ひょっとして，みなさんより学習者のほうが詳しいかもしれませんよ．

List 21　日本人大学生が考える便利なことば（動詞）

- □ アガる [緊張する]
- □ 焦る
- □ アピる [アピールする]
- □ イキってる
- □ イチャイチャする
- □ イチャつく
- □ いもる
- □ ウケる
- □ おごる
- □ 終わってる (いろんな意味で)
- □ ガチる
- □ 合致する [＝集合する]
- □ 神ってる
- □ かもる
- □ きてる [ブームなどが]
- □ キュンキュンする
- □ きょどる
- □ 拒否る
- □ キレる
- □ ググる
- □ グレ
- □ ケリをつける
- □ こくる
- □ ゴネる
- □ コピペする
- □ コピる
- □ 詐欺る [自分の写真を実際より
  もかわいく加工すること]
- □ サボる
- □ シカトする
- □ しくる [しくじる]
- □ しゃしゃる [しゃしゃり出る]
- □ しばきまわす
- □ しばく

- □ ジモる [地元の友人と遊ぶ]
- □ 写メる
- □ しゃれている
- □ じゃれる
- □ しょげる
- □ しらける
- □ じわる
- □ 捨てる [テストをあきらめる]
- □ スネる
- □ スベる (冗談が～)
- □ スルーする
- □ たかる
- □ ダッシュする
- □ だべる
- □ チキる
- □ ちくる
- □ ちびる
- □ チラ見する
- □ ついている
- □ 詰んでる [八方ふさがりでどう
  しようもないとき]
- □ ディスる
- □ テクる
- □ デコる
- □ テンパる
- □ ドタキャンする
- □ とぶ [授業をサボる]
- □ ドヤる
- □ なめてる
- □ にける [チャリの2人乗り]
- □ 寝落ちする
- □ のせる (Line／Twitter に～)
- □ 爆睡する
- □ パクる

- □ ばしる
- □ パチる
- □ ばっくれる
- □ ハマる
- □ ハミる
- □ ひきずる
- □ ビビる
- □ ふぁぼる
- □ ふざける
- □ ブチる
- □ ブッチする [すっぽかす]
- □ ブッチする [無視する]
- □ ぶらつく
- □ プロってる
- □ ブロる
- □ ヘる
- □ ポイ捨てする
- □ ほざく
- □ ぽしゃる
- □ ほれる
- □ まくる
- □ むかつく
- □ メモる
- □ 持ってる [運]
- □ もめる
- □ もらす
- □ 盛る [写真とかプリクラでかわい
  く見せること]
- □ 盛る (話を～)
- □ やけぐいする
- □ 焼ける [＝日焼けする]
- □ やつれる
- □ やらかす
- □ リムる

List 22　日本人大学生が考える便利なことば（名詞）

- □ 飽き性
- □ あごグイ
- □ アニオタ
- □ アリ
- □ 暗黙の了解
- □ イケメン
- □ 意識高い系
- □ 一般ピーポー
- □ インスタストーリー
- □ うざすぎ
- □ うそ泣き
- □ オール [＝徹夜]
- □ 置き勉
- □ おこ [＝怒っていることをかわいく言う感じ]
- □ おしゃかわ
- □ 男気じゃんけん
- □ 鬼電
- □ お開き
- □ 音信不通
- □ 肩ズン
- □ ガチムチ
- □ がにまた
- □ 壁ドン
- □ カモ
- □ 借りパク [借りたものをそのまま自分のものにする]
- □ ガリ勉
- □ ガン見

- □ ガン無視
- □ 期間限定
- □ 帰宅部
- □ 既読
- □ 既読スルー
- □ 既読ブッチ
- □ 既読無視
- □ 逆ギレ
- □ キャパオーバー
- □ ギャル
- □ 激安
- □ 限界
- □ コミュ症
- □ コミュ力 (りょく)
- □ 婚活
- □ 塩顔男子
- □ 自主休業
- □ 失笑
- □ 自撮り
- □ 素面 (しらふ)
- □ しんどい系
- □ スクショ
- □ スタ勉
- □ ズッ友
- □ ゼニ
- □ 宅飲み
- □ たっぱ
- □ タメ [＝同じ年]
- □ タメ語
- □ タラレバ [＝「〜たら」「〜れば」ばっかりの人]

- □ だるすぎ
- □ 誕プ
- □ チキン（＝ビビり）
- □ チャラ男
- □ 中二病
- □ つらたん [＝つらい気持ち]
- □ テッパン
- □ テンアゲ
- □ テンションマックス
- □ テンプレ
- □ ドヤ顔
- □ ドン引き
- □ ドン派手
- □ 苦笑い
- □ 根暗
- □ ハーフ
- □ ハイスペ（男子／女子）
- □ 破壊力
- □ バキフォン
- □ 爆買い
- □ 爆笑
- □ 花金
- □ はらぺこ
- □ パリピ [＝パーリーピーポー]
- □ 半ギレ
- □ ひっきー
- □ ひとめぼれ
- □ 暇人

- □ フォロバ
- □ ぶさかわ
- □ 二股
- □ ブチ切れ
- □ 不倫
- □ プレゼン
- □ ペーペー
- □ ボキャ [＝語彙力]
- □ ぼっち
- □ ボッチ飯
- □ マイメン
- □ マジギレ
- □ 町ぶら
- □ 未読無視
- □ 無視
- □ むねあつ
- □ 胸キュン
- □ 面食い
- □ メンヘラ
- □ 猛ダッシュ
- □ 元ヤン
- □ やきもち
- □ やばすぎ
- □ ヤンキー
- □ 床ドン
- □ ゆるキャラ
- □ リア充
- □ リアルガチ
- □ 割り勘
- □ ワンギリ
- □ ワンチャン

List 23　日本人大学生が考える便利なことば（形容詞）

- □ あざとい
- □ アツい [＝熱中している]
- □ 暑苦しい [人が]
- □ 一途な
- □ インチキな
- □ うざい
- □ うさんくさい
- □ うっとい
- □ うとい
- □ エグい
- □ えげつい
- □ えげつない
- □ エモい
- □ えらい
- □ エロい
- □ 大人かわいい
- □ おぼこい
- □ おもろい
- □ ガチな
- □ かもい
- □ きしょい
- □ きつい [＝きびしい]
- □ きもい
- □ キュンキュンな
- □ キレキレな
- □ くどい
- □ くやしい
- □ グロい

- □ ゲスい
- □ ケバい
- □ こすい
- □ ごつい
- □ ゴリゴリな
- □ 雑魚い
- □ ざつい
- □ しつこい
- □ しぶい
- □ ショックな
- □ しょっぱい
- □ しょぼい
- □ しらこい [＝しらじらしい]
- □ しんどい
- □ ずるい
- □ せこい
- □ 絶妙な
- □ ださい
- □ だるい
- □ ちゃちい
- □ ちゃらい
- □ 中途半端な
- □ 超絶な
- □ ちょろい
- □ つらい [＝いろいろ終わってる]
- □ でかい
- □ テクい
- □ どえらい

- □ どエロい
- □ どじな
- □ とろい
- □ どんくさい
- □ ナウい
- □ なぞい [＝謎である]
- □ なつい [＝なつかしい]
- □ ぬくい
- □ ねちっこい
- □ のろい
- □ はずい [＝はずかしい]
- □ はんぱない
- □ ぱない
- □ 微妙な
- □ ひょろい
- □ ふてこい
- □ ブラックな
- □ へぼい
- □ ボロい
- □ まぶい [＝まぶしい]
- □ まめな
- □ むずい
- □ めざとい
- □ めんどい
- □ やばい
- □ ややこい
- □ ゆるい
- □ らくちんな

List 24 日本人大学生が考える便利なことば（その他）

□ あーね.
□ アリよりのアリ
□ 否めない. [相手の意見に同意するとき]
□ 〜推し [推薦するという意味]
□ 終わった. [テストができなかった後]
□ 鬼○○ [＝とても]
□ 空気を読む
□ クソ○○ [＝とても]
□ 〜系 [にごらせる表現]
□ 衝撃！
□ しょうもない.
□ それ，アリ.
□ それ，ナシ.
□ それな.

□ とりま
□ 泣ける.
□ ナシよりのナシ
□ 根に持つ
□ ノリがいい
□ ノリが悪い
□ フットワークが軽い
□ フットワークが重い
□ ほぼほぼ
□ 巻きで. [≒早くして]
□ 間違いない. [相手の意見に強く賛同するとき]
□ わかる.
□ 笑える.

【ポイント】単語でも表現として教えたほうが よいものもある！

List 24 の中に一般的な動詞や名詞に見える ものがいくつか含まれていることに気がつきま したか. 例えば，「わかる」がそうです. もち ろん「わかる」は動詞ですが，動詞に分類せず 「その他」に入れた理由は，日本人大学生が回 答した「わかる」は「理解する」という一般的な 意味としてではなく，次のように相手の発話に 強い同意や共感を表明する表現として用いられ るものだからです.

> けん：鈴木って自分のことばかり話さな
> 　　　い？
> ミン：あ，わかるー.
> 　　　（強い同意や共感を表すときに使う）

このような「わかる」は単なる動詞ではなく，

「強い同意や共感の表現」として学習者に教え なければ学習者は使えるようにならないでしょ う. 初級を終えたばかりの学習者が知っている 同意の表現は，「私もそう思う」とか「そうだね」 くらいしかありません. すでに一般的な動詞と して学習済みの「わかる」を，若者同士が使う 同意表現として使わない手はないのです.

また，「泣ける」「笑える」はそれぞれ「泣く」 「笑う」という動詞の可能形ですが，「わかる」 と同様，友達同士での雑談で使うことを考える のであれば，以下のように「表現」として扱う 必要があります.

> ゆか：先生，今日寝坊して，学校に遅刻し
> 　　　てきてんの.
> エマ：え，まじで？　笑えるー.
> 　　　（おもしろいと思えることを見たり
> 　　　　聞いたりしたときに使う）

Chapter 2　雑談力アップに役立つ 語彙・表現　69

> エマ：たけし，最近見ないね．
> けん：お母さん入院してるんで，小学生の
> 　　　妹の世話してるんだって．
> エマ：え，あのたけしが！　そうなんだあ．
> 　　　泣けるねえ．
> 　　　（感動することを見たり聞いたり
> 　　　したときに使う）

　例えば，「泣ける」が含まれる上のようなやり取りを聞いた（見た）学習者が先生に「泣ける」が何か聞いたとしましょう．避けなければいけない最悪の答えは，「これは『泣く』の可能形ですね．可能形はもう勉強しましたね」でしょう．この答えは「泣く」を単に単語として扱っている答えです．質問をした学習者は，その後，若者が使う便利な表現としての「泣ける」を使うことはないでしょう．この場合の模範解答は「あ，これは若い人たちがよく使う便利な表現で，何か感動するものを見たり聞いたりしたときに使われます」（説明はもっとやさしい日本語か，媒介語になりますが）など，会話での意味機能を説明することです．そうすることで，学習者が「あ，私も使ってみよう」と思うのです．

　次は動詞ではなく，名詞が便利な表現として使われている１例です．以下の会話例の「衝撃」の使い方に注目してください．

> ゆか：ミン君，みっちゃんと付き合ってる
> 　　　んだって．
> エマ：え！　衝撃！
> 　　　（驚きを表すときに使う）

　驚いたときの表現は「ビックリした」「信じられない」くらいしか知らない学習者も多いかと思います．そこで最大限の驚きを表す，この表現を知っておいても損はないでしょう．「衝撃」という語の意味の１つに「心を激しく打つ

ような刺激」（広辞苑［第６版］）があり，普通は「その誘拐事件の結末は日本全国に衝撃を与えた」「美智子には彼のことばは衝撃だった」などのように名詞として使われます．しかし，前の例のように，強い驚きを表す表現として用いて，発話にコミカルなニュアンスを添えることもできるのです．この点で，漢字の「衝撃！」よりもカタカナの「ショーゲキ！」のほうがよりふさわしいかもしれません．もちろん「衝撃」という語は中級レベルを始めたばかりの学習者の大半が未習だと思います．しかし，楽しく雑談を盛り上げるという観点から，また同世代の日本人との間で親近感や仲間意識を生み出すという観点から考えると，こうしたことばを驚きを表す便利な表現として早い時期から教えてあげてもよいのではないかと思うのです．

　以上，「日本人大学生が考える，（恐らく）教科書にない便利なことば」を紹介しました．使う相手と場面を見極めることは当然必要ですが，留学生にも是非リストに挙げられているようなことばを使ってほしいと思います．そうすることで，きっと同年代の相手との心理的な距離を一気に縮めることができるはずです．

　アンケート結果から，カジュアルな日本語がわからない，知りたいという多くの留学生のアツい気持ちも確認できていますし，教える側がためらう必要はまったくないと思います．学習者の雑談力アップを手助けすることは，これまで考えていた教師の役割や教師像を大きく考え直す機会でもあります．さて，あなたは今まで通りのあなたでいきますか．それとも……．

Chapter 2 Unit 10 留学生が考える,教科書にない便利なことば

ゆか：昨日,あれから電車,間に合った？
エマ：あ,<u>ギリギリセーフ</u>.
ゆか：あ,よかった.
エマ：うん.
ゆか：私,あれから,おなか空いて,梅酒飲みながら,アイス食べちゃった.
エマ：それ,ダイエット中に,<u>ダメなパターン</u>じゃん.（笑）
ゆか：エマもなんか食べたでしょ.
エマ：あ,<u>ばれた</u>.（笑）

けん：明日,まみちゃんとご飯食べに行くんだけど.
ミン：え！<u>早く言ってよ！</u>
けん：え,でもバイトでしょ.
ミン：うん.まあね.
けん：でしょ.
ミン：でも,<u>けんだけずるっ！</u>
けん：しょうがないじゃん.
ミン：なんか<u>だまされた感じ</u>.（笑）

　日本語を教える私たちが雑談に便利だと思う単語や表現を学習者に教えることは大切です.しかし,留学も終わりに近くなった学習者本人たちに日本の生活の中で便利だったことばを聞くと,「あ,そうそう.これを教えるのを忘れていた」「学習者たちはこんな単語や表現を知りたかったんだ」と目から鱗の発見があります.そこで,実際に学習者が他の学習者に教えたいと思ったことばを挙げてもらいました（品詞別ではありません）.次のページの List 25 をご覧ください.

List 25　留学生が考える便利なことば

- □ あざっす.
- □ 以上です. [注文が終わったときの]
- □ いじる
- □ うそつき
- □ 疑わしい
- □ エグい
- □ 往復
- □ お会計
- □ おかわり
- □ お勘定
- □ おすすめ
- □ オブラートに包む
- □ 思い出し笑い
- □ お持ち帰り
- □ おもろい
- □ お札
- □ 替え玉
- □ 各駅停車
- □ 片道
- □ 金づる
- □ 監視カメラ
- □ 救急
- □ ギリギリセーフ
- □ 現金
- □ 交換 (メルアド／ラインの〜)
- □ 小銭
- □ さっさと
- □ 強いて言えば
- □ 死語
- □ 自己嫌悪
- □ 時差
- □ 視線を感じる
- □ 指定席

- □ 自販機
- □ しぶい
- □ 借金
- □ 終電を逃す
- □ しょうもない
- □ 女子会
- □ しんどい
- □ 洗剤
- □ そういえば, 〜
- □ 〜だけずるい.
- □ 〜玉 (100円玉／10円玉)
- □ だます
- □ 駄目なパターン
- □ ダラダラする
- □ 単純
- □ ちゃらい
- □ チャリ
- □ 通じる (私の日本語が〜)
- □ ちょうだい
- □ 梅雨
- □ できちゃった婚
- □ 照れる
- □ 遠まわし
- □ 飛び出す
- □ 友人に恵まれている
- □ とりあえず
- □ どんぐりの背比べ
- □ 飛ぶ [=授業をサボる]
- □ 度忘れ
- □ 内緒
- □ 仲良くする
- □ なんて?
- □ 苦手

- □ 日常茶飯事
- □ 二度寝する
- □ ネコをかぶる
- □ 初耳
- □ 腹減った.
- □ パクる
- □ ばれる
- □ 反対
- □ 一口ちょうだい.
- □ ビビる
- □ ピンチ
- □ べつべつ [会計時に]
- □ 別腹
- □ 本気
- □ まぐれ
- □ マジで
- □ 間違いない
- □ 早く言ってよ. [=なんで今まで言わなかったの.]
- □ 無茶
- □ 目立つ
- □ もしかして／もしかしたら
- □ 元 [カノ／カレ]
- □ 夜行性
- □ 薬局
- □ やばい
- □ 唯一の欠点
- □ 予約を取り消す
- □ 楽観的
- □ 了解
- □ 冷凍食品
- □ わざと
- □ わろた

List 25 の単語や表現を用いてどんな会話ができるのか具体例をいくつか紹介します．

ゆか：昨日，私とエマに内緒でけん君とラーメン食べに行ったでしょ．
ミン：あ，ばれた．でも，なんで知ってるの？

ゆか：いずみちゃんって，なんであんなにすべてがパーフェクトなんだろう．
エマ：強いて言えば，かわいすぎるのが唯一の欠点だよね．

ミン：あ，なに？ 思い出し笑い？
ゆか：あ，ごめん．なんでもない．

ゆか：週末，何する？
エマ：今週忙しかったから，どこかでダラダラする？

エマ：あ，ゆかだけずるい！ 私にも一口ちょうだい．
ゆか：え，アイスがカレー味になるじゃん．
（エマがカレーライスを食べたところ）

ゆか：直美の誕生日ケーキ，いつものミルキー白井で買う？
エマ：あ，あそこのケーキなら間違いないね．

ミン：今，小銭ある？
けん：え，あるよ．貸そうか？
ミン：あ，ありがと．ちょっと100円玉2枚いい？

私たち教師は，日々学習者と接していても，学習者と同じ目線にはなかなか立てません．学習者たちから便利な単語や表現を教えてもらうことは，もう一度学習者目線で日々の授業で扱っている日本語を考え直すよい機会になるのではないでしょうか．強くおススメします！

Chapter 2　雑談力アップに役立つ 語彙・表現　73

74 Chapter 2 雑談力アップに役立つ 語彙・表現

Chapter 3
雑談力アップに役立つ
ストラテジー

Chapter 2 では，発話をカジュアルにするテクニック，雑談力アップに役立つ単語や表現を扱いました．これらは，文レベルで雑談力アップを考えた内容でした．

Chapter 3 では，談話レベル，言い換えれば，「雑談の進め方」に焦点を当てた内容を扱います．相手との発話のやり取りの中で，雑談をより円滑に進めていくために役立つストラテジー，そしてそれに関連する表現を紹介します．

まず初めに，相手のことばが聞き取れなかったときにどうすればいいのか (Unit 11)，とっさに答えられないときにどうすればいいのか (Unit 12)，という問題を扱います．いわば，困ったときのお助け Unit です．

次に，相手に気持ちよく話してもらうためにはどうすればいいのか，という点を扱います (Unit 13)．この Unit では，相づちとその他の便利なテクニックを紹介します．

その後，3 つの Unit にまたがって，どうやったら相手の発話に対してうまくリアクションができるのか，という点を扱います．Unit 14 では，リアクションの種類を 5 つに分類し，どうしたらリアクション力アップができるのかを考えます．Unit 15 では，リアクションをする際に便利な慣用的な表現を紹介します．ここで談話レベルの日本語教育の重要性についても少し触れます．日本にいる多くの学習者がちょっとしたことで日本人によくほめられています．そこで Unit 16 では，ほめられたときにどのようなリアクションができるのか，いくつかバリエーションを考えてみます．

次の 2 つの Unit は，自分から雑談の流れを動かしていく，いわば，能動的なストラテジーを扱います．Unit 17 では，学習者に勧めたい割り込みストラテジーを紹介します．ここでの割り込みとは，相手の話を盛り上げるためのアシスト的な役割をする割り込みです．Unit 18 では，今まで話していた話題から別の話題へ移る際に便利なストラテジーを紹介します．また，話す話題に困ったときの対処法も紹介します．

最後の Unit 19 では，雑談の目的と非常に相性が良い発話末詞（終助詞）「ね」が雑談の中で具体的にどのように役に立つのか，ストラテジー的側面に焦点を当て，7 つの用法を紹介します．

Chapter 3

Unit 11 聞き取れなかった部分を聞き返す

> けん：山ちゃんのこと，聞いた？
>
> エマ：ん？
>
> けん：山ちゃん，沖縄×○▽÷@＊×○んだって．（記号の連続＝聞き取れなかった箇所）
>
> エマ：え，山ちゃんが沖縄，何？
>
> けん：ヒッチハイクするって．
>
> エマ：え，ヒッチハイク．そうなの．いつから？
>
> けん：なんか，×○▽÷@＊×終わったら．
>
> エマ：え，何が終わったら？
>
> けん：部活の夏合宿．
>
> エマ：あ，そうか．すごいね．

雑談で学習者がまず初めに直面する問題といえば，聞き取りです．特に，母語話者が話すスピードについていけないという問題を抱えているようです．教室での教師の発話やリスニング教材などの日本語は学習者が理解できるように速度を落としている場合が大半なので，これらの日本語と比べると，リアルな日本語はやはり速く感じてしまうのも無理はないでしょう．この問題を解決するには自然な日本語を聞く機会をできるだけ増やし，耳を日本語の音に慣れさせるしかありません．しかし，それまで雑談の楽しさをお預けにするのはかわいそうです．そこで，聞き取れなかった箇所を相手にストレスなくもう一度くり返してもらう方法を知っておく必要があります．ここでは3つの方法を紹介します．

■ポイント①：短く聞き返す方法

留学生が頻繁に使っている日本語に

- あ，すみません，もうちょっとゆっくり話してくれませんか．
- あ，ごめん，もう一度言ってくれる？

などがあると思います．しかし，毎回こんな長い表現を使っていたら，話の腰を折ってしまい，盛り上がるものも盛り上がりません．私たちも日本の英語の授業で

Can/Could you say that again?

といった表現を習いましたが，実際に英語圏で暮らしてみると，みんな

- Sorry?
- Pardon?

Chapter 3 雑談力アップに役立つストラテジー　77

などと非常にシンプルな表現で済ませていました.

私たち日本人も親しい人などには,

> - え？
> - ん？
> - え，なんて？
> - え，何？
> - あ，ごめん.

などを多用しています. このような実用的な聞き返し方も学習者が知りたいポイントでしょう.

> ゆか：エマ，×○▽÷@＊×○▽÷@＊
> エマ：ん？
> ゆか：シンガポール行くのはいつ？
> エマ：あ，来週の水曜日から.

■ポイント②：わからなかった箇所を聞き返す方法

相手が「先週福岡に行って，△#○×@食べてきたよ」と言った場合，「△#○×@」以外の部分は聞き取れているのに,

> え，何？

などシンプルな聞き返し方ばかり続けていると，相手はまたすべての情報をくり返さなくてはいけませんし，「この人，どんだけ私の日本語が理解できてるのかな」と心配にもさせてしまいます. そこで，聞き取れなかった箇所だけをもう一度言ってもらう方法も学習者は知っておく必要があります.

> 先週福岡に行って，△#○×@食べてきたよ.

と言われたときに,

> え？　福岡で何を食べたの？

と，聞き取れた箇所はくり返して，そうでない箇所は疑問詞で聞くという方法が使えます.

> 先週福岡に行って，△#○×@△#○×@.

の場合は,

> - えっ？　福岡に行って，何？
> - え？　福岡で何したの？

などと聞けます.

ただし，自分自身に関することが聞き取れなかった場合には，ちょっと注意が必要です. 以前，授業でこの練習をしているとき，以下のようなやり取りがありました.

> サラ：ハナのセミナーハウスって3だよ
> 　　　ね.（セミナーハウスは留学生寮の
> 　　　名称）
> ハナ：え，ハナの何？

サラの発話の中の「ハナ」は自分のことですから，この場合，ハナは,

> ハナ：え，ハナの何？

ではなく,

> - ハナ：え，私の何？
> - ハナ：え，私が何？

などと一人称に言い換える必要があります．この点も学習者にしっかり教えておきましょう．

■ポイント③：全部わかるわけがないと割り切る

けん：木村先輩って△×●÷＠◎だよね．
エマ：あ，う，うん．そうかもね．
けん：昨日もさー，すっごくおもしろくて．
エマ：あ，そうだったの？

　自分の母語ではないとはいえ，聞き取れなかったとき，いつも聞き返すのは，心臓に剛毛が生えていないかぎり，やはり気が引けると思います．また相手も頻繁に聞き返されると顔には出さなくても煩わしいと感じるかもしれません．もちろん相手が言ったことをきちんと理解したうえで話を続けるのが礼儀だと思いますが，雑談を盛り上げるにはテンポよく話すことも大事です．情報の伝達が最優先ではない雑談という会話では，自分が聞き返しすぎているなと感じたときは，聞き取れない部分があったとしても適当に相づちを打ちながらその場を流して，会話を進めることも現実的にはアリなのではないかと思います（疑問詞で聞かれた質問の場合はこのストラテジーは使えませんが）．

　ただし，相づちを打ったり，うなずいたりしているにも関わらず，まったくわかっていなかったことが相手にばれたときには，かえって相手の気分を害してしまう恐れもあります（次のページの雑コラム④を参照）．「諸刃の剣」なので，積極的に学習者に教えるべきかどうかは難しいところです．

雑コラム④
「口をきいてくれなくなったヤネック」

私は大学時代，カナダの大学に短期留学したのですが，そのときの忘れられない思い出があります．どういう流れでそうなったのか覚えていませんが，ヤネックというカナダ人男子学生が政治について私に語り始めたのですが，そんな話を理解できる語彙力，聞き取り力，そして話題を変える・終える会話力もなかった当時の私は，適当に"Yeah""Really?"などと相づちを打っていたのでしょう．ヤネックは楽しそうに延々と話を続けた後に"What do you think?"みたいなことを聞いてきたので，恥ずかしさ半分，冗談半分で笑いながらよくわからなかったと伝えると，「なんで初めから言わなかったんだ！」というようなことを言って激高し，それ以来，口をきいてくれなくなりました．

あはは，これは辛いですね．でも，これ，西郷さんだけじゃなく，多くの日本人がよくやってしまうことですよね．当時の西郷さんが熱心に話している相手の話の腰を折らないように気を遣っていたということもあるのかもしれませんが，そもそも日本人の相づちの打ち方が欧米人とは異なることにも原因があったのかもしれません．相づちには，話を聞いていることを伝える「促進型」と相手の言ったことに対する自分の態度を示す「完結型」の２種類あって，基本的に日本語の「うん」「はい」は促進型，英語の"Yeah"は「完結型」です．もしかしたら西郷さんは「うん」「はい」のつもりで"Yeah"と言っていたのかもしれませんね．ついでにいうと，「促進型」が多い日本語は文節で相づちを打ちますが，英語では文末を待ってから打つことのほうが多いようです．そのため日本人は英語を話しているときも頻繁に（相手が鬱陶しく感じるほどに）相づちを打ってしまうことがあります．西郷さんがやたらと"Yeah""Yeah"言っていたのに実は話をわかっていなかった（激しく同意してくれていると思ったらそれがすべて「嘘」だった）ので，ヤネックさんは本気で怒ってしまったのでしょう．

Chapter 3 Unit 12 考える時間を稼ぐ

> ゆか：ともちゃんは金曜日でも土曜日でもいいんだって．
> エマ：そうなの？
> ゆか：うん．私もどっちでもいいけど．エマ，決めて．
> エマ：そうだねー．私も，うーん，どっちでもー，あ，やっぱり土曜かな．
> ゆか：じゃ，土曜日で．時間はどうする？
> エマ：あっ，えーとね，田中さんと買い物に行くから，
> ゆか：うん．
> エマ：何時がいいかな．そうだなー．6時半とかは？
> ゆか：あ，了解．じゃ，ともちゃんにも聞いてみるね．
> エマ：うん，お願い．

■フィラーを使う

　母語話者であっても，会話の中で瞬時に返答ができないことはよくあることです．何を言うか，どう言うか，など考える時間が必要です．学習者にとって外国語である日本語での雑談だと，こうした時間がますます必要になります．しかし，雑談を盛り上げるためには軽快なテンポも重要です．素早く返答ができない場合，最も嫌なのは，気まずい空気が漂う沈黙でしょう．そんな沈黙をくり返していたら，社交的な学習者でも日本語で雑談をするのがおっくうになってしまいます．そのためにも，沈黙を埋める時間稼ぎの表現をいくつか知っておくことも非常に大切です．

　このような言語要素を専門用語でフィラーといいますが，フィラーには沈黙を埋めるだけではなく，今から何をどう言おうか考えたり，話す内容を整えたりしている話し手の頭の中の様子を相手に知らせる大切な役目もあります．

　私たちが普段よく使っているフィラーには次のようなものがあります．

- あー
- あのー
- うーん
- えー
- えーと
- そうだなー
- そうだねー
- で
- なんか
- まー

　例えば，「何色がいちばん好き？」と聞かれて即答できない場合，「えーと，黒かな」などと答えることもできますし，「えーと，そうだね，黒かな」などと複数のフィラーを組み合わせることもできます．

■ポイント①：「ね」「さ」をつける

「あの」「えーと」「なんか」の後に「ね」「さ」を付けて，

- あのね
- あのさ
- えーとね
- なんかね
- なんかさ

と言うこともできます．例えば，

- えーとね，駅前の本屋だったかなー．
- なんかね，なんとかさんとカラオケに行くって言ってたような．

などのようにです．

必要な時間に応じて，「ね」「さ」をどの程度伸ばすか調整もできます．

- えーとねーーー，新橋駅の近くだったかなー．
- なんかさーーーーー，最近疲れたからね．

■ポイント②：相手の質問に「かなー」をつける

これはフィラーではありませんが，相手から質問されてすぐに答え（を伝える日本語）が思いつかないときに重宝するストラテジーです．

何色がいちばん好き？

と聞かれたときは，

- 何色がいちばん好きかなー．
- 何色かなー．

のように質問文またはその一部分（上の例だと「何色」）と「かなー」を組み合わせて時間を稼ぐことができます．これができると，話す日本語もかなり自然に聞こえます．その他の例をいくつか紹介します．

ミン：面接でどんな質問された？
エマ：a. え，どんな質問されたかなー．
　　　b. え，どんな質問だったかなー．

けん：冬に北海道行ったとき，ホッケ食べなかった？
エマ：a. ホッケ，食べたかなー．
　　　b. え，食べたかなー．

ゆか：キムさんの誕生日，何月か知ってる？
ミン：a. 何月だったかなー．
　　　b. あー，いつだったかなー．

■ポイント③：フィラーは自分から話し始めるときにも使える

フィラーは，相手の質問に答えるとき以外でももちろん使えます．特に，自分から相手に話し始める場合には「あの」「なんか」を使います（それ以外のフィラーだと変です）．例えば，

- あのさー，なんか，夜になると，足がかゆくなるんだよね．
- なんかさー，柿ピーって先にピーナッツだけなくならない？

などのようにてす．この場合は，今から話し始

めるという合図を示し，相手に注目させるという意味合いが強いので，今まで見たような時間稼ぎ的な使い方ではありません．しかし，それまで話してきた話題と新しい話題の溝を埋めるという点では，これらもれっきとしたフィラーだといえます．

■ポイント④：フィラーを使いすぎない！

フィラーは話す日本語を自然にもしますが，使いすぎは禁物です．以前，著者の1人の授業で質問をすると，毎回間髪入れず，「あ，あのー，まー」などといつも言う留学生がいました．やり取りを完全には覚えていませんが，毎回こんな感じでした．

> 著者：週末はどうでしたか．
> 留学生：あ，あの，まー，伏見稲荷神社に行きました．
> 著者：あ，そうですか．どうでしたか．
> 留学生：あ，あの，まー，そうですね，スズメを食べました．
> 著者：あー，スズメの焼き鳥ですよね．
> 留学生：えーと，あ，あの，まー，そうです．肉が少なかったです．

あまりに頻繁に現れるフィラーは，正直かなり耳障りでした（その後，その癖は治りましたが）．もっといろいろな種類のフィラーや「〜かなー」を使えば，ここまで耳障りにはならないかもしれませんが，使いすぎには注意することも教えておきたいものです．

Chapter 3
Unit 13 聞き上手になる

けん：沢田君って話のオチの前に鼻触るよね．
エマ：あ，<u>触る触る</u>．
けん：だからさ，いつも鼻を触ると，
エマ：<u>うん</u>．
けん：あ，もうすぐオチだって．
エマ：あ，<u>オチね</u>．（笑）
けん：それ，本人に言ったんだけど，
エマ：え，<u>マジで？</u>
けん：うん．完全に無意識でやってるみたい．
エマ：<u>完全に無意識だよね</u>．
けん：だから，今度，
エマ：<u>うん</u>．
〈続く〉

■効果的に相づちを打つ

「雑談とは，話すことではなく，聞くこと」といったら，びっくりするでしょうか．でも，これ「雑談の真髄」です．雑談の目的は，相手との間にラポール（信頼関係や心が通じ合った状態）を生み出すことでしたよね．ラポールはお互いに好意を持っている状態ですが，人は自分のことをたくさんしゃべらせてくれた相手に好意を持つ傾向があるのです．だから，雑談では自分が話すよりも，相手にたくさん話してもらったほうがよいのです（詳しくは『雑談の正体』p.97を参照）．

つまり，雑談で最も大切な力の1つは，相手が話していて心地よくなるように会話を運んでいく力なのです．いわば，「聞き上手」になる力です．聞き上手になるためには，日本語会話の特徴の1つである相づちの打ち方をマスターすることも大切です．例えば，相手が

> 昨日さ，駅前のコンビニ行ったんだけどね，そこでさ，高校時代の友人に偶然会って…
> 〈続く〉

と話しているときに，ずっと黙って話を聞いているのは非常に不自然です．日本語には「相手が話し終わるまで相づちを打ってはいけない」というルールはありませんし，実際，私たちは相手が話している途中で，話を聞いていることを示すサインを送っています．その中には目線を合わすとか，うなずくとか，口をあんぐりさせるとか，さまざまな非言語的なものもある一方，言語的なものもあります．相づちもその中の1つです（詳しくは『雑談の正体』p.117を

参照).

　上の発話に相づちを入れてみると,

> 昨日さ（うん）駅前のコンビニ行ったんだけどね（あ, うん）, そこでさ（うん）, 高校時代の友人に偶然会って（え, マジで）···〈続く〉

のような感じになります. うまく相づちを打つことで, 自分が相手の話に興味を持っている印象を与えられますし, 話し手が気持ちよく, テンポよく, 会話を進めていけます. このような相づちとして, まずは List 26 の慣用的なものを覚えておくとよいでしょう（一般的に考えられる相づちよりも表現色が強いものも入れておきました）.

　鯖は鮮度が命であるように, 相づちはバリエーションが命です（ヘタな例えですみません）. Unit 冒頭の会話例ではエマがさまざまな相づちを駆使していますが, もしエマの相づち

が次のようにすべて「うん」だったら, けんも徐々に話す気がなくなっていくのではないでしょうか.

> けん：沢田君って話のオチの前に鼻触るよね.
> エマ：<u>うん</u>.
> けん：だからさ, いつも鼻を触ると,
> エマ：<u>うん</u>.
> けん：あ, もうすぐオチだって.
> エマ：<u>うん</u>.
> けん：それ, 本人に言ったんだけど,
> エマ：<u>うん</u>.
> けん：うん. 完全に無意識でやってるみたい.
> エマ：そうなんだ.
> けん：（俺の話, おもしろくないかな……）

List 26　知っておくと便利な相づち

□ ああ.	□ そうかなー.	□ それはそうだよね.
□ ありえるね.	□ そうかも（ね）.	□ 確かに.
□ あるある！	□ そうそう.	□ なるほどね.
□ あ, わかるー.	□ そうだったの.	□ ヘー.
□ うそ（でしょ）.	□ （そう）だね.	□ ほんと！？
□ うん.	□ （そう）だよね.	□ まあね.
□ えー！	□ そうなの？	□ マジで？
□ げっ！	□ そうなんだー.	□ もしかしたらね.
□ さすが（だね）.	□ そっか.	□ やっぱりね.
□ 冗談でしょ.	□ それ, あるね.	□ やばっ.
□ すごっ！	□ それ, 言える.	□ やるね！
□ そう？	□ （それ,）サイコー！	□ 私（僕／俺）も.

Chapter 3　雑談力アップに役立つストラテジー

では，効果的に相づちを打つためのポイントを紹介しましょう．

■ポイント①：相づちの前に「あ」「え」を入れる

相づちの前に気づきを表す「あ」を入れると，より相手の話に興味を持っている自分を演出することができます．例えば，「そうなんだ.」の場合は，

> あ，そうなんだ.

になります．「あ」の代わりに「え」を使って，

> え，そうなんだ.

とすると，若干の驚きを相手に伝えることができます．

この「あ」「え」ルールは，すべての相づちに当てはまるわけではありません．例えば，「え」は驚きを表す「冗談でしょ.」とは

> え，冗談でしょ.

のように共起できますが，

> あ，冗談でしょ.

とは言えません．「あ」は同意を表す「そうだね.」とは

> あ，そうだね.

のように相性が良いですが，

> え，そうだね.

とは言えません．日本人には当たり前のことですが，学習者に教えると興味深く聞いてくれますよ．

■ポイント②：慣用的な相づちだけじゃつまらない

さまざまなバリエーションの相づちを使うとしても，先ほど List 26 で示した慣用的な相づちばかり使っていると，相手の話にそれほど興味がない印象を与えてしまうかもしれません．また話し手自身もマンネリ化は避けたいところでしょう．そこで，相手の話で相手がいちばん強調したいであろう箇所をくり返すストラテジーも必要です．例えば，相手が，

> 昨日，昔の友人に会ってさー，

と話し出したとします．この後に話し手が

> あ，うん.

などの慣用的な相づちではなく，相手の発話内の「昔の友人」をくり返して

> あ，昔の友人.

と言う方法です．いわゆる「オウム返し」です．相手の発話内容の一部をくり返すことで，話に興味があることをより強調することができます（詳しくは『雑談の正体』p.121 を参照）．

以下の発話の場合は，

> 昨日，パチンコ屋で田中先生に会っちゃってさー，

発話の中のポイントだと思われる箇所をくり返

して

> ● あ，パチンコ屋で．
> ● あ，田中先生．

などになります．このようなストラテジーを慣
用的な相づちと共に用いることでよりバリエー
ション豊かな相づちが打てるようになります．

　今のは相手の発話を聞いていることだけを示
す「促進型」の相づちでしたが，相手の発話に
対する自分の態度を示す「完結型」でもオウム
返しは使えます．以下の2つのバージョンを
比べてみてください．

> ① 駅前のケーキ屋のチーズケーキ，おい
>   しくてさー，（あ，そうだよね．）うん，
>   んで，〈続く〉

> ② 駅前のケーキ屋のチーズケーキ，おい
>   しくてさー，（あ，おいしいよね．）うん，
>   んで，〈続く〉

　相手の発話内容の途中までの内容（「駅前の
ケーキ屋のチーズケーキはおいしい」）に同意
をする際，①は指示詞「そう」に「よね」を加えて，
「そうだよね」と言っています．これは先ほど
の **List 26** にもある慣用的な相づちの1つで
す．②は相手の発話の一部分（「おいしい」）に「よ
ね」を付けているバージョン（オウム返し）です．
もちろんどちらも自然ですが，いつも指示詞を
含んだ相づちだけでなく，相手の発話内容の一
部を用いることで，相づちにバリエーションが
持たせられます．あなたが話し手だとしたら，
相手から①②のどちらを言われたほうがより気
持ちよく話を続けられるでしょうか．

　①②の他にも，「おいしい」をくり返して，

> ③ 駅前のケーキ屋のチーズケーキ，おい
>   しくさてー，（あ，おいしいおいしい．）
>   うん，んで，〈続く〉

という方法もあります．これだと共感している
感じがさらに強く伝わりそうですね．

■ポイント③：ノダを忘れずに

日本人が

> ● そうなの？
> ● そうなんですか．

という場面で，学習者は

> ● そう？
> ● そうですか．

とノダ文を用いないで相づちを打ってしまう傾
向があります．例えば，今，あなたが前日に包
丁で指を切ったことを相手（学習者）に話し始
めたとしましょう．その相づちとして，学習者
から「そうなの？」ではなく，「そう？」と言わ
れたら，どのように感じますか．

> あなた：実は昨日包丁で指を切っちゃっ
>   てさー，
> 学習者：a. え，そうなの？
>   b. え，そう？

　日本語が母語ではない学習者だとは理解して
いても一瞬相手に冷たい印象を持ってしまうか
もしれません（もちろんイントネーションも大
きく関わってきますが）．このような印象を持
たれないためにも，ノダの適切な使用は学習者
が知っておくべき大切なポイントです．

Chapter 3 雑談力アップに役立つストラテジー 　87

Chapter 3

Unit 14 上手にリアクションする

> ゆか：新しいバイト，決まっちゃった.
>
> ミン：え，前のバイト，やめたの？
>
> ゆか：あ，言わなかったっけ？
>
> ミン：え，聞いてないよ．なんでやめたの？
>
> ゆか：え，なんか新しいことがしたくなって.
>
> ミン：あ，バイトの人とけんかとかしたんじゃない？
>
> ゆか：私，ミン君と違うから．（笑）
>
> ミン：で，新しいバイトって何？
>
> ゆか：大学の生協.
>
> ミン：あの地下のコンビニみたいなところ？
>
> ゆか：あ，そうそう.
>
> ミン：へー，じゃ，授業の前とか後とかに入れるね.
>
> ゆか：そうでしょ.

前 Unit は相手に気持ちよく話してもらうためのストラテジーでした．しかし，それらのストラテジーは会話を維持するための最低限のリアクションだともいえます．雑談を盛り上げるためには，学習者も積極的に雑談の発展に貢献するようなさらにアクティブなリアクションをしていくことが求められます．リアクションといってもテレビなどでよく見るリアクション芸人のようなおもしろさを追求する必要はありませんが，雑談を円滑に進めていくうえで相手の発話にうまくリアクションする力，相手が提供した話題を広げていく力は非常に大切です.

例えば，相手が

> さっきさー，石田先生に呼ばれて３時に研究室に行ったらさー，いないのよ，先生.

と言ったとしましょう．この発話にどんなリアクションができるでしょうか．少なくとも，以下のように５種類のリアクションが考えられます.

> ● へえ，そうだったの．（理解）
> ● え，それはひどいね．（感想）
> ● あの先生はいつもそうだよ．（意見）
> ● なんで呼ばれたの？（質問）
> ● 会議とかあったんじゃない？（推測）

これらのリアクションを組み合わせることもできます．例えば，

> ● へえ，そうだったの．（理解）＋でも，なんで呼ばれたの？（質問）

88　Chapter 3　雑談力アップに役立つストラテジー

- え，それはひどいね．（感想）＋でも，あの先生はいつもそうだよ．（意見）

- あの先生はいつもそうだよ．（意見）＋でも，会議とかあったんじゃない？（推測）

などです．

　この５つのリアクションの種類（理解・感想・意見・質問・推測）のうち，中級になったばかりの学習者でも理解・感想のリアクションはよくできますが，意見・質問・推測のリアクションは理解・感想ほどできていません．さらにいえば，クラスでの練習なども，理解・感想のリアクションばかりが気づかないうちに多くなってしまっていて，意見・質問・推測のリアクションが練習できるようなコンテキストを教師側が提供していないのではないかと思います．あなたの日々の授業を振り返ってみてください．

　では，学習者はどうやったら上の５種類のリアクションが（今よりも）上手にできるようになるのでしょうか．また，そのために，教師は何ができるでしょうか．答えは，リアクションする場数をできるだけ多く，踏ませてあげることです．ボールが上手に投げられるようになるためには，やはり実際にボールを何度も投げる必要があります．リアクションする力も同じです．あらかじめ決まった答えも何もない中で，学習者にリアクションをする場数を踏ませてあげるのです．１回きりの授業では上手くなるはずがありません．授業の中で，隙あらば，教師が学習者に，

- 今日もまた雨ですね．
- 明後日，台風が来そうですね．
- （コンビニ名）のおにぎり，新しくなりましたね．

- あ，チンさん，そのスニーカー新しいのですよね．
- 来週，テストですね．
- まだ言っていませんでしたが，実は，今日私の誕生日なんですよ．

などと（いい意味でテキトーに）発話を学習者に投げかけ，学習者がリアクションできる機会を積極的につくっていくのです．教師は学習者からのリアクションに対し，さらにリアクションをくり返していく．このような活動を続けていってもすぐにはリアクションが上手にはならないかもしれません．しかし，リアクションをすることに対する自信はつくことでしょう．少なくともリアクションをすることに対する心理的障壁は低くなるはずです．

　私たちは授業の始めに，出欠を取る際，

あ，スミスさんがいませんね．

とは言わないで，いつも学習者に

今，誰がいませんか．

などと来ている学習者に問いかけをしたりしています．そして，いない学生について

- **今日は来ないんですかね．**
- **スミスさん，病気ですかね．**

などと話すと，そこから雑談が始まることも少なくありません（学生の裏情報もけっこう出てきます）．

雑コラム⑤
「昼食怖い」

これは，私が初めてイギリスの大学院で学んでいたときの経験談です．英語が上手ではなかった私（そのため，今でも日本語に苦労している学習者の心理状態がよくわかると自負しています！）が朝昼晩の食事でいちばん苦労したのが昼食です．朝，寮のみんなは授業の準備があり急いでいますし，授業の時間もまちまちでそれほど共同キッチンなどで他の寮メイトとかち合うこともありませんでした．

しかし，昼は授業が終わった後にクラスメイトなどとカフェテリアに行く機会も多くありました（いつも断るわけにもいかないので）．昼は1時間ぐらい食事の時間があります．もちろん英語での会話です．さすがにイギリス人同士の会話は速くて，正直何を言っているのかわからないことのほうが多く，しかし，わからないというそぶりを見せてしまうと，場がしらけると思い，適当に笑いや相づちを入れながらわかったふりをする．話に口を挟むなどの芸当ができる言語能力はない．やさしいイギリス人は会話に加わるように，私にも意見を時々聞いてくれるが，こちらは必要最小限の応答しかできず，私を含めて3人で行ったときなどほぼイギリス人2人の会話になってしまい，これって不自然だなと思いつつ，食べ物がすぐになくなるとすることがなくなるので少しずつ口に運ぶ……．ああ，つらかった．

それなら，食事にもっと時間をかける夜はもっと大変だったのではないかとお考えの読者のみなさん．確かに，夜は大変です．友人のホームパーティーなどに呼ばれたときは昼過ぎから夜中まで雑談中心の時間を過ごすことになります．しかし，アルコールという非常に優れた助け舟があるのです．留学生が「お酒を飲むと，日本語がペラペラになります」という例文をよく作りますが，もちろん言語能力がアルコールで高くなるわけがありません．酔いで外国語を話す緊張感がかなり軽減され，口が軽くなるのですね．これはイギリスで実証済みです．

食事をしながらの雑談，まさに「ながら雑談」ですね．ながら雑談では，ただ会話だけに集中していればよい「メイン雑談」と違って，注意の多くを主活動（ここでは食事をすること）に取られてしまうため，余計に聞き取りなどが難しくなってしまいます．その一方で，たとえうまく話せなくて沈黙してしまっても，相手も自分も主活動（ここでは食事をすること）をしているので，それほど気まずくならないというメリットもあります（詳しくは『雑談の正体』p.32を参照）．食べ終わってしまったら（主活動がなくなってしまったら）メイン雑談になってしまうので，西郷さんは必死でゆっくり食事をしていたのでしょうね．でも，そんなに昼食が怖いなら，昼食のときにもお酒を飲めばよかったのに！（笑）

Chapter 3 Unit 15 慣用リアクション表現

> ゆか：ひろし君，エマのこと，好きなんじゃない？
> エマ：え，<u>それはないでしょ</u>．
> ゆか：だって，いっつもエマの話ばっかしてるじゃん．
> エマ：<u>って言うか</u>，いつも女の子の話してるよね，ひろし君．
> ゆか：エマ，嫌いなの，ひろし君のこと？
> エマ：<u>そういう意味じゃないけど……</u>．ただの友達だよ．

■談話レベルの日本語

　本 Unit も前 Unit に続いて，リアクションに関してです．リアクションの中には，私たちがくり返し使っている慣用的な表現（以降「慣用リアクション表現」と呼びます）もあります．例えば，

> そんなことないよ．

です．しかし，発話のやり取りの中で初めて使える，このような表現は日本語教育で体系的に指導されることはありません．日本語教育に関連する研究分野では，談話レベルでの日本語研究の重要性が指摘されるようになりましたが，日本語教育の多くの現場ではまだまだ文レベルの教育に留まっているように思えます．ここでの文レベルの教育とは，文を形作る語彙や文法表現などの習得を重視した教育です．言い換えれば，きちんとした文が作れるようにする教育で，談話レベル（談話という用語になじみがない方は「会話レベル」でもよいです）での日本語の特徴に関する指導は不十分なのです．
　ちょっと余談が長くなりましたが，ここで述べたいことは，雑談を含め，学習者の会話力の育成には，発話のやり取りという談話レベルで特徴的に現れるさまざまな言語要素にも目を向ける必要があるということです．そうでなければ，円滑な発話のやり取りは望めないのです．本 Unit で扱う表現もその中の 1 つだと考えてください．

■慣用リアクション表現

　本 Unit で紹介する表現は，すべて相手が直前に言った発話内容に言及しているもので，慣用的なものを選びました．このような表現は以下のように大きく 2 つに分類できます．

> ① それだけで完結しているもの
> 　例 「そんなことないよ．」
>
> ② 完結していないもの（従属節として機能するもの）
> 　例 「そういう意味じゃなくて，～」

　便宜上，本書では①のようなものを「完結リアクション表現」，②のようなものを「未完結

リアクション表現」と呼ぶことにします．どちらのグループの表現も，指示詞のソ系を使ったものが多いことが以下のリストからわかります．これは「相手が伝えた情報」に言及しているためです．

【完結リアクション表現】

　それだけで完結している表現には **List 27** のようなものがあります．

　いくつか具体例を見てみましょう．

> エマ：先生，日本でいろんな経験をしろって言うくせに，宿題めっちゃ多いよね．
> ミン：それは言えるね．どこにも行けないよね．

　ちょっと，話が脱線しますが，上の発話の「どこにも行けないよね」の代わりに，実際に先生にツッコんでいるような臨場感を出す「〜みたいな」というスラング表現も学習者に雑談

で使ってほしいものの１つです．下のやり取りを見てください．

> エマ：先生，日本でいろんな経験をしろって言うくせに，宿題めっちゃ多いよね．
> ミン：それは言えるね．「どこにも行けません」みたいな．

　こんな言い方ができたら，ネイティブっぽさ全開ですね．

　さて，本題に戻ります．以下，他の具体例です．こなれた感じがしませんか．

> けん：山本さん，留学選考に落ちたら，大学辞めるんじゃない？
> エマ：え，それはないでしょ．卒業したら大学院とかに自分で行くんじゃない？

List 27　完結リアクション表現

□ そういう意味じゃないけど．	□ そんなことないよ．
□ そういう見方（考え方）もあるかもね．	□ そんなわけないじゃん．
□ そう言われればそうだね．	□ だから，（そう）言ったでしょ．
□ そうだといいね．	□ （そんなの）どうでもいいよ．
□ そうなの？　知らなかった．	□ （そんなの）どっちでもいいよ．
□ そうなるといいね．	□ （でも）なんとかなるんじゃない？
□ そこをなんとか．	□ ほんと，それ．［同意］
□ それはあるね．	□ ほんと，それ？［真偽の確認］
□ それは言えるね．	□ （そんなの）まだいいほうだよ．
□ それはないでしょ．	□ （そんなこと）よく言うよ．
□ それも言えるね．	□ （そんなこと）よく言えるね．

ゆか：最近，なんか私に冷たくない？

ミン：<u>そんなこと，よく言えるね</u>．（笑）約束ブッチしておいて．

けん：俺の彼女，ラインの返事，いつもスタンプだけだよ．

ジホ：え，<u>そんなのまだいいほうだよ</u>．俺なんか既読スルーだよ．

けん：東口の新しいラーメン屋，やっぱりめっちゃまずかった．

ミン：<u>だから，そう言ったじゃん</u．やめとけばよかったのに．

ゆか：いや，マリアは好きな人いるから，紹介できないって．

ホセ：いや，<u>そこをなんとか</u>．頼むよー．

ゆか：だから，やっぱりみどりちゃんが好きなんでしょ．

ミン：<u>いや，言っとくけど</u>，まったく興味ないから．

けん：じゃ，俺とごはん行きたくないっていうこと？

ミン：いや，<u>そういう意味じゃなくて</u>，行きたいけど行けないという話なんだけど．

ゆか：佐藤君の彼女っていつもは普通なんだけど，時々変になるよね．

ミン：<u>ていうか</u>，普通に変わった人じゃん．

ゆか：明日のカラオケ，めずらしく山ちゃんも来るって．

エマ：え，<u>だったら</u>，私も行こうかな．

ゆか：駅前に，平日の昼，1,000円で餃子食べ放題の店があるよ．

ミン：え，<u>それ本当なら</u>，絶対行く！

【未完結リアクション表現】

従属節として機能している表現には **List 28** のようなものがあります．

具体的な会話例をいくつか紹介します．

List 28　未完結リアクション表現

□ 言いたいことはわかるけど，〜

□ いや，言っとくけど，〜

□ （そう）じゃなかったら，〜

□ （そう）じゃなくて，〜

□ そういう意味じゃなくて，〜

□ そうかもしれないけど，〜

□ そうは言っても，〜　[＝とは言っても，〜]

□ その気持ちもわかるけど，〜

□ その通りなんだけど，〜

□ それが本当でも，〜

□ それが本当なら，〜

□ それはそうだけど，

□ そんなこと言われても，〜

□ だから，私が言いたいのは，〜

□ （それ）だったら，〜

□ て言うか，〜／と言うか，〜

□ （それ）なら，〜

□ わかってはいるんだけど，〜

> ゆか：え，だって彼氏欲しいって言ってた
>   じゃん．
> エマ：<u>それはそうだけど</u>，誰でもいいって
>   いうわけじゃないよ．

　本 Unit で扱った慣用リアクション表現で使われている単語は，初級レベルの日本語学習を終えた学習者ならほとんど知っているものばかりです．しかし，談話レベルでの使い方を何も教えなければ，実際の会話の中で使いこなすのは非常に難しいと思います．相手の発話と自分の発話を談話レベルで円滑につなげる本 Unit の表現を学ぶことで，学習者の雑談力を一気にググググッとグレードアップさせることができるのではないでしょうか．

Chapter 3

Unit 16 ほめにリアクションする

> ゆか：前から思ってたけど，エマってほんと顔ちっちゃいね．
> エマ：またまた．何もおごらないよ．
> ゆか：いや，マジだって．
> エマ：えー，ありがと．でも顔のサイズに合うメガネとかサングラス買えないよ．
> ゆか：ブカブカで？
> エマ：そう．『下向いたら，あっ，落ちる！』みたいな．
> ゆか：はっはっは．
> エマ：でもそんなこと言うなら，ゆかの目だって，きれいなブラウンですっごくうらやましい．
> ゆか：え，日本人ってみんな同じじゃん．
> エマ：あ，瞳ね，ゆかのは，なんかねー，ブラウンで……．
> ゆか：ブラウン？（笑）
> エマ：うまく説明ができないけど，ちょっとグレーも入っている……．
> ゆか：え，私の両親，100パー日本人だけど．（笑）
> エマ：日本人でも，本当にいろいろな瞳の色があるよ．
> 〈続く〉

■ほめられやすいガイジン

　ほめに対してリアクションする？　雑談指導のやり方を説く本書でなぜこのようなトピックを扱うのか不思議に思った方もいるかもしれません．しかし，異文化から来た「外国人」は何かとほめられているのです．ちょっと日本語を話しただけで，「日本語が上手ですね」とほめられ，箸を使っているだけでも，「上手に使うね」とほめられ，さらには日本人がイメージするザ・ガイジンの外見を持つ留学生はよくほめの意味で

- 顔が小さい！

- 足が長い！
- 目が大きい！
- モデルみたい！
- 俳優みたい！

などと言われるようです．こんなにちょくちょくほめられているのであれば，いい雑談へつながっていくような，気の利いたリアクションの1つや2つは知っておいたほうが絶対によいと思います．

　ほめられたときのリアクションには，3つのタイプがあります．ほめを受け入れる「肯定型」，ほめを拒絶する「否定型」，そして，受け入れも拒絶もしない「回避型」です．肯定型は相手

に同意をしていますが，謙遜していないので傲慢に聞こえることもあります．一方，否定型では謙遜はしていますが，相手の価値観を否定しています．あちらを立てればこちらが立たずです．そこで，（特に日本語では）同意も謙遜もしない回避型が使われることも多いのです．

本書では，肯定型を「アリガトウ系」，否定型を「謙遜系」，回避型を「ユーモア系」「ほめ返し系」として紹介します．

■アリガトウ系

「日本語が上手ですね」「顔が小さい！」などとほめられたとき，学習者は，まず

> ○ ありがとう（ございます）．
> ○ あ，うれしい（です）．

などを思いつくと思います．しかし，これだけだと謙遜の気持ちが伝わりません．そこで，これらの前後に

> ○ 初めて言われた．
> ○ 本当？

などの回避型の表現を付け加えて，傲慢に聞こえないようにするテクニックも覚えておくとよいでしょう．

学習者がほめをありがたく受けたいときには，素直に受ければよいと思います．しかし，他のリアクションのしかたを知らないから，「ありがとう」ばかり言って，やり過ごしているのであれば，もっと他のリアクションを教えて，学習者を「アリガトウ地獄」から解放してあげたいものです．

■謙遜系

あなたは「日本人＝謙遜」って思ってませんか．実は，学習者の中にもそういうステレオタイプを持っている人がけっこうたくさんいます．ほめられたときに謙遜する日本人もいるので，それ自体はかまわないのですが，問題は学習者の多くが知っている謙遜表現が極端に偏っていることです．そんな表現の代表例が，

> いいえ，まだまだです．

です．しかし，これは「技術」や「成果」をほめられたときにしか使えません．自分の日本語力をほめられたときには使えますが，身体的特徴をほめられて，「いいえ，まだまだです」とは言えません．

> 日本人：わ，足が長いですね．
> 学習者：いいえ，まだまだです．
> 　　　　×（まだ伸びるのか!?）

他にも，

> いいえ，とんでもないです．

も，学習者がよく使う謙遜表現ですが，これは「心の底から全否定」といったニュアンスを持つ表現ですから，明らかに気に入っているもの，自信のあることをほめられたときに使うと慇懃無礼になってしまいます．

> 日本人：ねえ，その時計，もしかしてロレックス？　すごいねー．
> 学習者：いいえ，とんでもないです．
> 　　　　×（「こんなの安物」とでも言いたいのか!?）

清水が以前調べたところ，学習者がよく使う
謙遜表現には以下のような特徴がありました．

① 「いいえ」とはっきり言う（「いえ」「いや」
などは使わない）

② ほめ言葉で使われた形容詞の否定形や
反意語を使う

③ 「そうじゃない」や「違う」を使う

以下，具体例を2つ紹介します．

日本人：作ってくれたカレー，すっごく
おいしいね！
学習者：<u>いいえ，おいしくない</u>．まずいよ．
×（謙遜しているつもり）

日本人：ほんと頭いいよね！
学習者：<u>いいえ，そうじゃない</u>．
×（謙遜しているつもり）

ほめに対して，このようなリアクションをさ
れたら，謙遜だとわかっていても，自分の評価
や意見を強く否定されたように感じて，嫌な気
持ちになってしまうのではないでしょうか．
では，そんなふうに思われないために，幅広
く使える謙遜表現にはどんなものがあるので
しょうか．とても使い回しが利くのが，

そんなこと（は）ない（です）よ．

です．例えば，以下のように使えます．

日本人：作ってくれたカレー，すっごく
おいしいね！
学習者：<u>そんなこと（は）ないよ</u>．

日本人：ほんと頭いいよね！
学習者：<u>そんなこと（は）ないよ</u>．

次のように，アリガトウ系と組み合わせても
使え，とても便利です．

● ありがとうございます．
＋でも，そんなこと（は）ないですよ．
● え，そんなこと（は）ないよ．
＋でも，ありがとう．

また，ほめ言葉で使われた形容詞の否定形を
使いたいときには，

● そんなに ＋ 形容詞の否定形
● それほど ＋ 形容詞の否定形

とすれば，否定の強さはずいぶん緩和されます．

日本人：作ってくれたカレー，すっごく
おいしいね！
学習者：<u>そんなにおいしく（は）ないよ</u>．

余裕があれば，

またまた．

というこなれた感のある表現も学習者に知って
おいてほしいところです．さらに欲を言えば，

またまた．何もおごらないよ．

なんてことも言ってほしい……．あ，これは次
のユーモア系にうまくつながりますね．

Chapter 3　雑談力アップに役立つストラテジー　　97

■ユーモア系

はっきりと肯定したり，否定したりするのを避けるために，ユーモアのある返答をするという方法もあります．例えば，授業で「おかげで」を練習する際に，学習者が

> ● 両親のDNAのおかげで，結婚できました．
> ● お母さんのDNAがよかったおかげで，いい大学に入れました．

などという例文を作って，みんなで笑っていますが，このようなDNAネタも使えると思います．

このほかにも「足が長いね！」などと言われたら，

> だから，バスで座りにくいんだよ．

など実際に起こりそうなものから，

> ● （足がもつれて）よく転ぶんだよ．
> ● だから，歩きにくくて……．

などの冗談っぽいものまでさまざまな返答で，笑いを取ることができますよね．

相手も「そんなことないよ」とだけ言われるよりも，このようなユーモラスな返答が返ってきたほうが，次に話が広げやすくなるはずですし，その留学生に対して抱く好感度もアップすることでしょう．もちろん，このようなリアクションをするかどうかは学習者自身が決めることですが，いろいろな返答のパターンを知っていることは大切です．これは，学習者が相手に自分をどのように見せたいかということにも大きく関わってきます．母語で話しているときと同じように，日本語でも自分はおもしろい人なんだというイメージを作りたい学習者も少なくないはずです．日本語という殻に閉じ込められている学習者たちの個性を，雑談指導によって少しでも解き放つことができたら，教師冥利に尽きると思いませんか．

■ほめ返し系

ほめられたら，ほめ返すというのも1つの手です．（若干わざとらしくても）ほめられて相手も悪い気はしないでしょう．

> ゆか：足が長くてうらやましいなあ．
> ハナ：あ，初めてそんなこと言われた．
> ゆか：うそでしょ．（笑）
> ハナ：でも前から思っていたけど，ゆかも髪が本当にきれい．

ほめ返した後，

> ● どんなシャンプー使っているの？
> ● ドライヤー使わないようにしてる？
> ● 昔から長いの？

など，その話題に関して質問をして，話を広げていけば，楽しい雑談を続けることができるはずです．

Chapter 3 Unit 17 スムーズに割り込む

けん：昨日ヤマッチがめっちゃ怒りながら電話してきて，
エマ：<u>え，何したの？</u>
けん：いや，何にもしてないって．
エマ：（笑）<u>それで？</u>
けん：うん．それで「俺，なんかした？」って聞いたら，
エマ：<u>「俺の彼女と何をした？」とか．</u>
けん：だから，違うって．（笑）
エマ：ごめんごめん．<u>で？</u>
　　　〈続く〉

本 Unit で扱う割り込みとは，相手の話を断ち切る割り込みではなく，相手の話の展開に能動的に関与することで，雑談をより盛り上げるためのストラテジーです．

相手が次のように言ったとしましょう．

> この間，お店でお持ち帰りしようとしたらさー，

そのとき，話し手が放つ

> ● うん．
> ● あ，お持ち帰り．

などが Unit 13 で扱った相づちやオウム返しです．相手は相づちやオウム返しに対して「うん」以上の応答はせずに話を続けるでしょう（以下，下線部）．

> ゆか：この間，お店でお持ち帰りしようとしたらさー，

ミン：あ，お持ち帰り．
ゆか：あ，うん．<u>そしたら，お店の人が，〜</u>
〈続く〉　↑自分の話に戻っている

本 Unit で扱う割り込みとは，

> ゆか：この間，お店でお持ち帰りしようとしたらさー，
> ミン：<u>あ，どこで？</u>

のようなものです．このような割り込みは，以下のように，割り込みの質問に答えた後，相手が自分の話に戻れるものです．

> ゆか：この間，お店でお持ち帰りしようとしたらさー，
> ミン：<u>あ，どこで？</u>
> ゆか：あ，西口の（店名）．
> ミン：あ，あそこ．
> ゆか：うん．<u>そしたら，お店の人が，〜</u>
> 〈続く〉　↑自分の話に戻っている

Chapter 3　雑談力アップに役立つストラテジー

この割り込みのストラテジーは，大きく以下のように分けられます．

> ① 疑問詞を用いた割り込み
>
> ② 推測での割り込み

①疑問詞を用いた割り込み

ゆか：昨日，カラオケに行ったんだけど，
ミン：a. え，どこの？
　　　b. え，誰と？

けん：最近ジムのメンバーになったんだけど，
エマ：a. え，どこの？
　　　b. え，なんで？
　　　c. え，いつから？

②推測での割り込み

ゆか：昨日，カラオケに行ったんだけど，
ミン：a. あ，高橋さんと？
　　　b. あ，中目黒駅の近くの？
　　　c. あ，先週行った店？
　　　d. あ，部活のあと？

けん：最近新しいジムのメンバーになったんだけど，
エマ：a. あ，大学横の？
　　　b. あ，木村さんが行っているジム？
　　　c. え，前のジム辞めて？

①②のような割り込みのストラテジーを用いて，相手からそれに対する返答を得ることで，相手の話のより詳細な情報を会話に付け加えることもできます．それだけではありません．詳細な情報を求めることは，相手の話に興味があることを伝えることにほかなりません．つまり，割り込みをすることで，相手の話の臨場感を高めるとともに，相手に気持ちよく話してもらうことができ，雑談が盛り上がるのです（詳しくは『雑談の正体』p.100 を参照）．相づちだけではなく，このような割り込みストラテジーができると，学習者は雑談をより楽しめるのではないでしょうか．

ただし，相手の話の腰を折ったり，話題を変えてしまったりしてはいけません．自分の割り込み質問へ相手が答えてくれた後は，相手が気持ちよく自分の話に戻れるような表現を知っておくことも大事です．

> ● あ，そうなんだ．あ，で？／それで？
> ● あ，そうなんだ．で，どうしたの？
> ● あ，そうなの．あ，ごめんごめん，で？／それで？
> ● あ，そうなの．あ，その先，聞かせて．

本 Unit 冒頭の会話例でエマが「それで？」「て？」と言っているのも，このストラテジーの例です．

雑コラム⑥
「そのタイミング？」

　割り込みはタイミングに注意が必要です．以前，私が某国で日本語を教えていたとき，非常に日本語が堪能な外国人教授がいたのですが，恐るべき頻度で私の話に割り込んできて，仕事の用件がなかなか終わらせられず，正直心地よいものではありませんでした．

　しかし，不快に感じたのは，その頻度だけでなく，割り込みのタイミングにも原因がありました．本文の「この間，お店でお持ち帰りしようとしたらさー」の例を使うなら，「お店でお持ちか」で割り込みされるようなタイミングだったのです．タイミングを間違えると，割り込みではなく，「さえぎり」になってしまいますから，注意が必要ですね．

　雑コラム④（p.80）でも述べたように，英語では文末を待ってから打つことが多いのに対して，日本語では文節ごとに頻繁に相づちを打ちます．そのため，もしかしたらこの教授は「日本語では，文中のどこで割り込んでもよい」と誤解してしまったのかもしれません．相づちが打てる箇所は文節の区切り（助詞「ね」が挿入できるところ）だと教えてあげたらよかったですね．でも，そうしたら，「この間（え，いつ？），お店で（え，どこの？），お持ち帰りしようと（え，何を？）したらさー（え，なんで？）」のようにすべての文節で割り込んできたりして！（笑）それでは余計にイライラしちゃいますかね!?

Chapter 3
Unit 18 自然に話題を変える

ゆか：で，こしあんがなかったから，粒あんの買ってさー．
エマ：あー，私もあんパンならこしあんのほうがいいかな．
ゆか：ね，そうでしょ．
エマ：あ，あんパンで思い出したけど，メロンパンの歌って知ってる？
ゆか：え，知らない．どんな歌？
エマ：先週授業で聞いたんだけど，とってもかわいかった．
　　〈続く〉

田中：へー，じゃあ，エマは35歳までは結婚しないつもりなのね．
エマ：あ，あくまでも，予定ですけど．
田中：へー．
エマ：まだわかりませんけど．
　　（沈黙）
エマ：あ，まったく関係がない話なんですけど，
田中：うん．
エマ：来週の週末，ゆかちゃんを家に連れてきてもいいですか．
田中：あ，全然いいよ．
　　〈続く〉

　話題が次から次へと変わっていくことは雑談の特徴の1つです（詳しくは『雑談の正体』p.55を参照）．しかし，何の前触れもなく，いきなり話題を変えてばかりいては，相手はいい気持ちはしないでしょう．いい雑談をするためには，円滑に話題を変える力も学習者には必要なのです．一概に話題を変えるといっても，以下のように大きく2つの話題の変え方があります．

① 今までの話題と関連の"ある"話題に変える

② 今までの話題と関連の"ない"話題に変える

■話題の変え方①：今までの話題と関連の"ある"話題に変える

　この場合，最もシンプルな変え方は，相手が言った単語に関連する話題に移っていくやり方です．学習者が母語で雑談をするときも同じことをしていると思いますが，彼らにとって難しいのは，どのような日本語の表現で移ればよいのかということです．

　例えば，相手が昨日食べたわさび味の柿ピーの話をしているとき，いきなり

> 昨日コンビニでわさび味のキャラメル見つけたよ．

と話し始めても悪くはないですが，

> ● あ，（わさび）で思い出したけど
> ● あ，（わさび）といえばさ
> ● あ，（わさび）つながりなんだけど

などの表現を使うこともできます．関連のある話題に移る前に，このような表現で，相手にそのことを知らせると，相手を不快にさせることなくスムーズに話題を移行できます．

■ 話題の変え方②：今までの話題と関連の"ない"話題に変える

今話している話題が盛り下がってきたときなどは，まったく関連のない話題を相手に提供することで雑談を続けていく力も大切です．関連がない話題の場合は，多くの学習者が知っている

> ところで

があります．しかし，そのままだと雑談には堅い感じもするので，間投助詞の「さ」をつけて，

> ところでさ

と言うほうが雑談向きだと思います．（ただし，丁寧体で話しているときには使いません．）
　その他にも

> ● あ，そういえばさ
> ● あ，ちょっと話が飛ぶけど
> ● あ，話がちょっと変わるけど
> ● あ，まったく関係ない話なんだけど

などの表現が使えるでしょう．唐突さをもっと和らげたい場合には，次のように相手からの許可を形式的に求めるという手もあります．

> ● あ，ちょっと話が飛んでいい？
> ● あ，話ちょっと変わってもいい？
> ● あ，まったく関係がない話なんだけどいい？

雑コラム⑦
「自分でもびっくりするようなウソ」

信じてもらえないかもしれませんが，私のイギリス留学時代にあった本当の話です．ある日，友人宅に遊びに行ったのですが，友人がフィッシュアンドチップスを買いに出て，友人のお兄さんと部屋に2人きりになったことがありました．そのときはお互い何を話していいのかわからない，気まずい雰囲気になってしまいました．お兄さんは気を利かせてワインを飲まないかと言ってくれました．そして，赤と白とどっちがいいかと聞かれたとき，私はワインに赤と白があるのかと驚いて見せました．もちろんワインに赤と白があるのは知っているのにも関わらず，です（自分でもこの行動にはビックリしました）．そして，お兄さんはその説明を嬉々として始めました．このように自分が知っていることでも，知らないふりをして相手に話を始めてもらうのも大事なストラテジーだと思います．と，考えている私ってひどい人でしょうか？

わははっ！「ワインに赤と白があることを知らない」って，どんなウソですか！ しかし，それを素直に信じた友達のお兄さんも，きっと「日本ではワインは飲まない」（そして，「忍者がいまだに暗躍している」）と思っていたんでしょうね．西郷さんのように雑談を続かせるためにウソまでつくのはどうかと思いますが，異文化の暮らしでは知らないこともたくさんあるので，それを教えてもらうというスタンスで雑談に臨めば，会話が弾むのは確かでしょう．相手は気持ちよく話せて，自己充足感を得られますからね（詳しくは『雑談の正体』p.111 を参照）．そういう意味では，西郷さんの取った行動はあながち間違ってはいないと思いますが，せめて本当に知らない話題をふるようにしませんか？（笑）

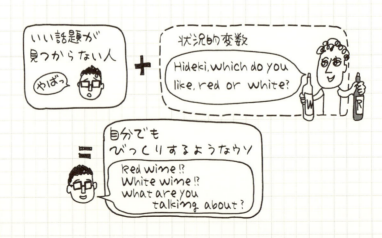

■話したい話題がないとき

本 Unit では，2通りの新しい話題への移り方を紹介しましたが，いつも話したい話題があるとは限りません．そんな場合でも，相手が話を始めてくれないのであれば，自分から話題を提供しなければ，気まずい沈黙に陥ってしまいます．話したいことがないときでも，話題を提供する必要があるのです．さて，どうするか．ここで学習者が使えそうな1つのアイデアを紹介します．それは，仮定の話です．初級レベルを終えた学習者なら誰でも知っている「〜たら」が使えます．例えば，以下のように相手に質問をすることができます．

> ● 1日だけ男（女）になったら，何がしたい？
> ● 鳥になれたら，初めに何をする？
> ● 透明人間になれたら，いちばん何がしたい？
> ● 今日だけ，中国人みたいに中国語がペラペラになったら，どうする？
> ● 死ぬまで同じ食べ物を食べなくちゃいけなかったら，何を選ぶ？

しかし，「〜たら」はご存知のように，主節の内容が必ずタラ節の内容の後でなくてはいけないという時間的な制約があるので，以下のようには言えません．

> 動物になれたら，何になりたい？　×

この場合は，

> ● 動物になれるなら，何になりたい？
> ● 動物になれるとしたら，何になりたい？

のように，「〜なら」「〜としたら」という条件表現を使う必要があります．これらの表現は，「たら」のような時間的な制約がないので，主節と従属節の時間的な流れを気にすることなく，以下のような条件文も作ることができます．

> ● 過去に戻れるなら，何歳のときがいい？
> ● 明日世界が終わるなら，今日何をする？
> ● 無人島に何か持っていくとしたら，何を持ってく？

このような仮定の質問を相手にぶつけ，相手からの答えの中に，広げられそうな単語，話題を見つけて，話を続けていくのです．以下は，その例です．

> エマ：過去に戻れるなら，何歳のときがいい？
> ゆか：え，何歳かなー．
> エマ：何歳？
> ゆか：うーん，16歳かなー．
> エマ：へー，なんで？
> ゆか：高校のとき，めっちゃ楽しかったから．
> エマ：へー，高校のとき，どんな遊びした？
> ゆか：放課後，
> エマ：ん？
> ゆか：あ，学校が終わった後，友人とファミレスとか行ってただ話してただけだけど，
> エマ：ふーん，そうなんだ．あ，そういえば，今度（ファミレス名）また行かない？
> ゆか：あ，いいよ．いつにする？
> 〈続く〉

Chapter 3　雑談力アップに役立つストラテジー　105

Chapter 3 Unit 19 相手との間に共通基盤をつくる
―「ね」のストラテジー的用法―

ゆか：今日，なんか寒いね．
ミン：ほんと，寒いね．
ゆか：あ，来週，エマの誕生日どこで食べる？
ミン：あ，誕生日は再来週だね．
ゆか：あ，そうだったっけ？
ミン：23日だからね．
ゆか：あ，そうか．イタリアンは？
ミン：あ，いいね．エマ，最近アクアパッツァはまってるしね．
〈続く〉

いきなり質問ですが，大学で友人に

> 今日暑い．

と言われたらどう思いますか．大半の方はこのとっさの発話への返答に困るのではないでしょうか．なぜなら，

> ● 今日暑いネ．
> ● 今日暑いヨ．
> ● 今日暑いヨネ．

など，カタカナで示された発話末詞(終助詞)か，

> 今日暑くない？

など，他の発話末形式がないからです．
　もちろん文脈によっては裸文末(発話末詞などが現れない発話)が自然な場合もありますが，実際の会話を見てみると，ネ，ヨ，ヨネが頻繁に日常会話で使われていることがわかります．

では学習者はネ，ヨ，ヨネがうまく使えているでしょうか．日本語を教えている方なら「いいえ！」と即答するはずです．
　会話での発話の自然さに関わっているネ，ヨ，ヨネが適切に使えていないということは，発話のやり取りが円滑に行われていないということにほかなりません．例えるなら，信号機の調子が悪い交差点のように，です．
　では，なぜ学習者はこれらの発話末詞をうまく使いこなせないのでしょうか．その答えの1つに，現行の日本語教科書でのネ，ヨの意味機能の解説(ヨネはほとんどないがしろ状態です)が，学習者のネとヨの運用能力を高めるものになっていないことが挙げられます．初級日本語教科書のネ，ヨの文法解説を(かなり)大雑把にまとめると，ネは話し手と相手が持っている情報や意見などが同じ場合に用いられ，ヨは異なる場合に使われるということになります(明示的にそう書かれていない文法解説もこの考えが根底にあるといえます)．このような説明はネ，ヨの意味機能の一部を端的に捉えたものです．

例えば，天気がいい日の

> **今日，天気いいネ．**

という発話，夜遅く親に隠れて部屋で妹とテレビゲームをしているときの

> **あ，お母さん来たヨ！**

という兄の発話などはこの解説でうまく説明がつきます．

しかし，このような解説で説明がつかない発話例も容易に見つけることができます．例えば，高校生の子どもが急にアイスが食べたくなって，お母さんにコンビニに行くことを伝えるとき，以下の発話はすべて不自然ではありません．

> ① ちょっとアイス買いに，コンビニ行って来るネ．
>
> ② ちょっとアイス買いに，コンビニ行って来るヨ．
>
> ③ ちょっとアイス買いに，コンビニ行って来る．

コンビニに行くことを知らない母にネを用いている発話①，また裸文末の発話③は，教科書での解説ではうまく説明できません．しかし，実際はどちらも自然です．このように，現在の日本語教育に幅広く受け入れられているネとヨの文法解説は，厳しい言い方をすれば，学習者の運用力を高めるという点では使い物にならないのです．現在の文法解説のように，話し手と相手の認知状態（頭の中）を照らし合わせて，ネ，ヨのどちらかを選択し使用するという考え方は，会話でのネ，ヨの働きをうまく捉えきれていません．いま学習者に必要なのは，発話のやり取りの中で何をもくろんで，ネ，ヨ（そしてヨネ）を使うのか，というストラテジー的側面に焦点を当てた解説なのです．

発話末詞（終助詞）が専門の西郷は，かねてからネ，ヨ，ヨネのストラテジー的側面に焦点を当てた文法解説を提案していますが，雑談がテーマの本書では，相手との間にラポール（信頼関係や心が通じ合った状態）を生み出すこと，そしてそのための心地よい雰囲気づくりといった雑談の目的と最も関わりがあるネのストラテジー的用法を取り上げます．

■具体的にネを使って何ができる？

ネの基本的な意味機能は，「自分の発話内容を相手との共通基盤にしよう」という話し手の意図に対して，相手から同意を得る，というものです．「共通基盤」を創出したり，確認したりすることは，お互いのつながりの強さを確かめる行為であり，雑談を進めていくための基礎となります（詳しくは『雑談の正体』p.28, p.40を参照）．雑談力アップの観点から学習者に必要だと思われるのは，このような機能を持つネを使って，どのように相手との間に心地よい雰囲気をつくり出すことができるのか，ということです．

ここでは，ネの用法を7つ紹介します．それぞれの用法を以下のようにネーミングしてみました．

> ① 「考えてること，同じ？」用法
>
> ② 「あなたの言いたいこと，よくわかる」用法
>
> ③ 「こんな状況なんだからさ」用法
>
> ④ 「もう知ってると思うけど」用法

Chapter3 雑談力アップに役立つストラテジー 107

⑤「度忘れ（勘違い）してるだけでしょ」
　　用法

⑥「できるもんなら，同意してみて．フフ
　　フ」用法

⑦「私の皮肉，わかる？　ホホホ」用法

では，それぞれの用法をみていきましょう．

■ネの用法①：「考えてること，同じ？」用法

［場面：ミンとゆかが散歩している］
ミン：今日はいい天気だネ.
ゆか：うん，そうだね.

　友達2人で散歩しているとき，お互い無言でずっと歩き続けるなんてことは普通しないでしょう．特に話すことがなくても，沈黙していることに耐えられず，なんらかのことばを交わすと思います．ミンは［今日はいい天気だ］というゆかが容易に同意できそうな内容にネを付けて，それを2人の共通基盤にしようと問いかけています．この場合の共通基盤は，共感と言い換えてもよいでしょう．つまり，相手との間に共感を生み出し，心地よい雰囲気をつくろうとしてしているのです．これが「考えてること，同じ？」用法です．このように，ネは雑談の目的と非常に相性が良い意味機能を持った発話末詞だといえます．

　もし，クラスでこのような練習をする場合は，以下のような場面を設定すればよいでしょう．

練習案①：今あなたと友達はビーチでゆっくりしています.

練習案②：今友達と電車に乗っています.

■ネの用法②：「あなたの言いたいこと，よくわかる」用法

［場面：けんがエマに明日の授業の話をしている］
けん：あ～あ．明日1限から授業.
エマ：1限の授業って早く起きるのがめんどくさいからネ.

　ネの用法①と同様に，相手との共感を強調するためにネが使われています．具体的には，けんの発話内容の背後にありそうな理由をエマが推察し，その後にネを加える用法です．つまり，「～からネ」や「～しネ」（「めんどくさいしネ」）を用いて，相手の気持ちがよくわかる自分を演出し，共感を高めているのです．これが「あなたの言いたいこと，よくわかる」用法です．

練習案①：彼女が今日の午後一緒にかき氷を食べに行きたいとあなたに言った.

練習案②：彼氏がまた藤井さんとけんかしたとあなたに言った.

［ポイント！］
練習案①は提案への応答ですが，断わる場合でも，すぐに「あ，ごめん，行けない」などと言わずに，まずは「あ，いいネー．最近暑いからネ．でも，ちょっと行けないかも．」などとまず共感を高めると人間関係がスムーズになります．

108　Chapter 3　雑談力アップに役立つストラテジー

■ ネの用法③：「こんな状況なんだからさ」用法

［場面：ミンとけんの会話］

ミン：あ，来週の月曜日，祝日だ**ネ**.

けん：うん.

ミン：どっか遊びに行く？

　この場合のネは，他の用法よりもストラテジー的（計画的）な話し手の意図が明らかです．ミンは，来週の祝日にどこかに遊びに行こうと提案をする前に，ネを使って，［来週の月曜日は祝日だ］という事実をけんとの間の共通基盤にしようとしています．このようにネは提案など何かの目的を達成する前の下準備をするときにも使われます．この用法のネーミングはかなり無理があることを承知で，「こんな状況なんだからさ」用法でどうでしょう．以下のように，このやり取りの2行目でけんが（ミンの意図をくみ取って）「うん，どっか行く？」という可能性ももちろんあります．

ミン：あ，来週の月曜日，祝日だネ.

けん：うん．どっか遊びに行く？

練習案①：今図書館で友達と勉強しています．昼ご飯を食べに行きたいです.

練習案②：彼女（彼氏）と5年付き合っています．結婚したいです.

■ ネの用法④：「もう知ってると思うけど」用法

［場面：エマとけんの会話］

エマ：金曜日の飲み会，松ちゃんも来るって**ネ**.

けん：あ，そうなの？

　雑談の話題の中には，他の人から聞いた情報（伝聞情報）もあるでしょう．その場合，相手がすでに伝聞内容を知っている可能性があるので，伝聞内容にネをつけて（「〜ってネ」）2人の間の共通基盤（共通情報）のように扱い，情報占有の印象を和らげることができます．いうなれば，「もう知ってると思うけど」用法です．ここでいう「情報占有」とは，「この情報は私だけが知っている」という話し手の認知的状態を指します．

練習案①：イケメンの山田君に新しい彼女ができたと他の人から聞いた.

練習案②：テニスサークルの村田先輩がいい会社に就職が決まったと他の人から聞いた.

■ ネの用法⑤：「度忘れ（勘違い）してるだけでしょ」用法

［場面：ミンがけんの質問に答えている］

けん：前のワールドカップってどこが優勝したっけ？

ミン：あ，ドイツだ**ネ**.

けん：あ，だっけね.

Chapter 3　雑談力アップに役立つストラテジー　　109

けんの質問に答える際，ミンは「え，ドイツ」「え，ドイツだヨ」などと言うこともできます．しかし，会話例のように，ネを用いて「あ，ドイツだネ」（または「ドイツだヨネ」）と言ったほうが柔らかい感じがしませんか．それは，相手が知らない情報をあえて共通基盤（共通情報）として扱うことで，情報を与えるという優越的な立場を和らげることができるからです．これが「度忘れしてるだけでしょ」用法です．この使い方をマスターしている学習者がいたら，「おぬし，なかなかやるなー」と思います．

> **練習案①：**相手があなたにテストの範囲がどこからどこまでか聞いた．
>
> **練習案②：**相手があなたに山本さんが誰と付き合っているか聞いた．

また，この用法は，その派生として，質問に答えるときだけではなく，相手の間違いを修正する場合にも使えます．

> けん：前のワールドカップって優勝したのブラジルだったよね．
> ミン：あ，ドイツだネ．
> けん：あ，だったっけ．

この用法は，「勘違いしてるだけでしょ」用法とでもネーミングしておきましょう．

> **練習案①：**相手が大学の正門の前にできたコンビニの名前を勘違いしている．
>
> **練習案②：**相手がキムさんの入っているサークルを勘違いしている．

■ネの用法⑥：「できるもんなら，同意してみて．フフフ」用法

> ［場面：店で切ってもらったジーンズの裾で財布を作ったというけんへのエマの一言］
> エマ：足，短いからネ．
> けん：（笑いながら）うるさい！

ここではエマがネを使って，けんの同意したくない事実を共通基盤にしようとして，からかっています．「できるもんなら，同意してみて．フフフ」用法です．一般的に，このようなからかいのネの使い方は，冗談が言える親しい間柄の場合にしかできません．言い換えれば，このようなネを使うことで，相手との仲の良さをアピールできるのです．親しい間柄ではない場合，例えば，面接官が応募者に「佐藤さんは話のまとめ方が下手ですネ」と言うのは，からかいてはなく，ことばによるイジメになってしまいます．

> **練習案①：**飲み会で，仲の良い友人がつまらない自己紹介をした．
>
> **練習案②：**おしゃべり好きの友人がまた1人でべらべら話している．

■ネの用法⑦:「私の皮肉，わかる？ホホホ」用法

[場面：時々授業に遅刻するけんがまた遅く来た]
エマ：今日も早いネ．
けん：でしょ．（笑）

用法⑥と同様，ネを使って，（エマがけんを）からかっています．しかし，用法⑥と異なるのは，明らかに事実と反対のことを共通基盤にしようとして，からかっていることです．「私の皮肉，わかる？ ホホホ」用法です．もしも仲がそれほど良くない人に同じことを言われたら，かなり辛辣に聞こえると思います．ムカつきます．

練習案①：お酒が弱い友人がビールを飲んで，酔っ払っている．

練習案②：料理が苦手な友人がご飯を作ってくれて，一口目を食べた．

以上，ネの7つの用法を紹介しましたが，まだまだ他にも探せば学習者にとって役に立つ用法があるはずです．ヨ，ヨネに関しても同じことがいえます．ネ，ヨ，ヨネを使って具体的に何ができるのか，を示すことで，学習者が，ネ，ヨ，ヨネを実際の会話で使ってみたいと思うようになるのではないでしょうか．

発話末詞のさまざまな用法を自分で探し出したい場合は，以下の自然発話コーパスがおすすめです．

宇佐美まゆみ監修（2011）『BTSJによる日本語話しことばコーパス（トランスクリプト・音声）2011年版』

雑コラム⑧
「教師の役割って何？」

ここ最近，私は初級の総合教科書を終えたぐらいの学習者を対象にした中級日本語のクラスを担当しています．通常は，交換留学の派遣元の大学で2年ほど勉強している人が入るようなクラスなのですが，学期開始前のプレースメントテストで，3，4か月しか学習歴のない人が時折クラスに入ってきます．そのような学習者の多くは，他のクラスメイトと比べて，ノダ文や発話末詞（終助詞）をよく，しかも自然に，使っています．話していても，こなれた日本語なんです．彼らに日本語の勉強法を尋ねると，インターネットで日本のテレビドラマを見るのが好きで，日本語もインターネットなどで独学してきたという人が多くて感心させられます．もちろん彼らは日本語をスポンジのように吸収する素地があったということも一因だと思いますが，ドラマの中の，自然な（自然に近い）日本語会話（しかも脚本はおもしろいはず！）を耳からずっと聞いていたことも大きな要因だと思います．こんな学習者に出会うたび，日本語教師の役割って何なんだろうって考えさせられます．同業者のみなさん，どうしましょ……．

はーい，同業者です．こういう学習者，うちの大学にもいます．彼らを見ていると，談話レベルの自然な日本語のインプットって本当に大事なんだなと思いますよね．でも，日本語教師の役割って「日本語を教える」ことでしょうか．私は「学習者が日本語を習得するプロセスの手助けをする」ことだと思うのです．なので，インターネット上のドラマ（もちろん合法の！）で日本語教師の助力なくしてこなれた会話ができるようになるなら，諸手を挙げて大歓迎です．しかし，そういう学習者は得てして文法の体系的理解や基礎レベルの必修語彙の知識などが抜けていることも多いものです．私たち日本語教師が役に立てることもたくさんありますよね！

Chapter 4

雑談タイプ別
役立つ表現・ストラテジー

覚えているでしょうか．Chapter 1「学習者の雑談状況を知ろう―留学生106人の声―」で，以下のように雑談を5つの場面のタイプに分類しました．お忘れの方は，もう一度14ページを読み返してみてください．

本Chapterでは，それぞれの雑談タイプの特徴とともに，雑談タイプごとの学習者にとって便利な表現，ストラテジーを紹介します．

Fig.3 学習者が行っている5つの雑談のタイプ

メイン雑談

雑談をするのが目的の雑談
　例：友人とカフェでゆっくりと雑談

時間つぶし雑談

主となる活動が始まる前の手短な雑談
　例：授業の始まりのチャイムが鳴るまでの雑談

ながら雑談

主となる活動と同時に行われる雑談
　例：駅まで友人と歩いているときの雑談

ワンクッション雑談

主となる活動の後，次の活動に移る際の手短な雑談
　例：授業が終わって，バイトへ行く前の雑談

いきなり雑談

前触れもなく始まる手短な雑談
　例：町で偶然友人に会ったときの雑談

Chapter 4 Unit 20 メイン雑談

【メイン雑談の始め方（⇒p.116）】

[カフェにやってきたエマとゆか]

エマ：あのさー，

ゆか：うん．

エマ：ちょっといいことがあったんだけど．

ゆか：え，何，何？

エマ：昨日友達と表参道歩いてたのね，

ゆか：うん，真美ちゃん？

エマ：あ，あの，サークルの友達で，奈美っていう人なんだけど，

ゆか：あ，ほんと．

エマ：でー，2人で歩いてたんだけど，

ゆか：うん．

エマ：雑誌の人に写真を撮られちゃった．

ゆか：え！　何の雑誌？

【メイン雑談の終わり方（⇒p.123）】

[ゆかとエマが2時間もカフェで話している]

ゆか：っていう感じで，なかなかおもしろかったよ．

エマ：えー，いいなー．私も今度絶対に行きたい．

ゆか：うん，絶対におすすめだよ．

エマ：あ，もうこんな時間だよ．

ゆか：あ，ほんとだ．

エマ：じゃあ，今度行くとき，絶対誘ってね．

ゆか：りょーかい．

エマ：次，いつお昼一緒に食べる？

ゆか：木曜？

エマ：あ，オッケー．じゃ，またその前に連絡するね．

ゆか：うん，わかった．

エマ：じゃあーねー．

ゆか：あーい．

メイン雑談は，カフェでのおしゃべりのように，雑談と聞いて私たちの多くが想像するような雑談で，その特徴を一言でいうと「雑談をするために一緒にいる」ことです．他の主活動をすることがその場の目的ではなく，雑談そのものが目的となります．他の雑談タイプと比べて，ゆったりと時間がとれるため，さまざまな話題に花が咲くことも多いでしょう．そのため，円滑に雑談を続けていくためには，Chapter 2，Chapter 3 で扱ったさまざまな単語や表現，そしてストラテジーを，他の雑談タイプにもまして，駆使する必要があります．

■ メイン雑談の始め方

アンケート結果の中にも雑談の開始時に問題を抱えている，以下のような回答がありました．

- 話を始めることが難しい．（6人）
- カジュアルな話し方での話の始め方［相手にすごくまじめな印象を与えてしまう］（2人）
- 話したい話題の自然な切り出し方が難しい．（2人）
- 間違えるのが怖くて話が始められない．（1人）

雑談をスムーズに始めるには，そのための表現を知る必要があります．しかし，日本語の授業でそのような表現を教えることもそれほどないと思います．泳ぎ方を知らない人に，いきなり「さあ，向こうまで泳いで！」と言っても無理なように，「さあ，カフェにいます．雑談を始めてください！」と学習者に言ったところで，どうやって雑談を始めていいのか，わかるはずがありません．

Unit 8「1つの話題について掘り下げて話す」

では，1つの話題に関連する語彙を教える際，その話題の始め方まで学習者に示さないとその話題の雑談をするのは難しいと述べました．その具体例として，天気・気候の話題，そして恋愛の話題の始め方を紹介しました．

本 Unit では，話題に関わらず，幅広く使える表現を紹介します．

【何について話し始めるのか】

学習者が知っておくべきポイントの1つに，自分が話したい話題を，どのような表現を使って始めればいいのか，という点があります．その際，その話題が

① 話し手（自分）の事柄なのか
② 相手の事柄なのか
③ 共通の事柄なのか
④ 第三者の事柄なのか

によって，表現が多少異なります．以下，順番にみていきましょう．

【①話し手（自分）の事柄について話し始める】

自分の事柄について話したいとき，まずは何の話題について話すのか相手に伝える必要があります．

例えば，最近新しいアパートに引っ越して，隣の部屋の住人のいびきがうるさくて寝られないことを相手に伝えたい場合，どのように話を組み立てればいいでしょうか．学習者が知らなくてはいけないことは，前提作りです．つまり，いびきで寝られないというくだりに行く前に，まずは引っ越しをしたアパートでの話だということを相手と共有しなくてはいけません．

もし相手が引っ越しのことをすでに知っている場合，その前提作りとして，次のような表現を使えるようになればよいでしょう．

> - 私，この間，引っ越したでしょ．
> - 私，この間，引っ越したじゃん．
> - 私，この間，引っ越したじゃない？
> - 私，この間，引っ越したっていう話，したよね．
> - 私，この間，引っ越したって話したよね．
> - 私，この間，引っ越したって話したっけ？
> - 私，この間，引っ越したこと知ってるよね．
> - 私，この間，引っ越したこと覚えてる？

引っ越しの件をまだ相手が知らない場合，以下のような表現を使って前提作りをすることになります．

> - 私，この間，引っ越したのね，
> - 私，この間，引っ越したんだ．
> - 私，この間，引っ越したんだけど（ね），
> - 私，この間，引っ越したこと，（まだ）言ってなかったよね．

上2つの発話でノダ文を使っています（ノダ文については Unit 1 を参照）．学習者は，ノダ文を使わないで，

> - 私，この間，引っ越した．
> - 私，この間，引っ越したね．
> - 私，この間，引っ越したけど，〜

などと言いがちなので，この点もきちんと指導する必要があります．

前提作りの後の相手の反応（「あ，うん」「あ，本当？」など）を受けて，ようやく，次のように，いびきのくだりに入ることができます．

> ミン：俺，この間，引っ越したでしょ．
>
> ↑前提作り
>
> けん：うん．
> ミン：でね，隣の人のいびきがさー，
>
> ↑話の核心
>
> けん：いびき？（笑）
> ミン：うん，うるさくて寝られないんだよ．
>
> ↑話の核心の続き

　あなたは授業で，このような前提作りの指導をしていますか．市販の教科書に沿ってその内容だけを教えている場合には，このような指導を行うことはほとんどないと思います．それは，日本語教育で扱われる日本語はまだまだ文レベル主体で，談話（会話）の視点から日本語を捉えていないからです．文レベル主体の学習から抜け出せていない学習者の場合，以下のように，頭の中にある情報を一度に最後まで相手に話そうとするかもしれません．

> この間引っ越したアパートの隣の人のいびきがうるさくて寝られないんだ．

　この発話はもちろん文法的には正しいです．しかし，名詞修飾節を含んだこのように長い発話を言おうとすると，途中でしどろもどろになる可能性もあります（中級レベルに入ったばかりの学習者なら，けっこう高い確率でそうなります）．また，引っ越しの件を相手が知らなかった場合，最後まで一気に言われてしまうと，「引っ越し」と「いびき」のエピソードが共に新しい情報なので，相手はどちらを先に，どのようにリアクションすればいいのか迷ってしまうはずです．そのためにも，相手との間でいったん前提（引っ越し）を共有しておいて，それから話の核心（いびき）に入ったほうが，以下のように，相手もリアクションがしやすいでしょう．

Chapter 4　雑談タイプ別役立つ 表現・ストラテジー　117

> ミン：この間新しいアパートに引っ越し
> たんだけどね，
> 　　　　↑前提作り
> けん：あ，そうなの？　どこに？
> ミン：大学の東門の近く．
> けん：あ，そうなんだ．
> ミン：あ，うん．それでさー，隣の人のい
> びきがうるさくて寝られないんだ．
> 　　　　↑話の核心
> けん：え，それはつらいね．でもどんだ
> け壁が薄いアパートに引っ越した
> の？　↑リアクション

　順序が逆になってしまいましたが，ここで，自分の事柄を話し始める前に，相手の注意を引く表現も紹介しておきます．

> ● あのさー．
> ● ちょっと聞いてよ．
> ● ちょっと相談に乗ってよ．
> ● ちょっと自慢してもいい？
> ● ちょっと信じられる？
> ● ちょっと困ってるんだ．
> ● ちょっといいことがあったんだけど．
> ● 最悪のことがあったんだけど．

　例えば，以下のように使えますね．

> エマ：あのさー，
> けん：え，何？
> エマ：ちょっと聞いてよ．
> けん：どうしたの？
> エマ：駅で，ニコニコ笑ってるおじさんが
> 　　　近寄ってきてさ，
> けん：笑ってるおじさん？
> 　　　〈続く〉

自分のことばかり話すウザイ人にならないために

　雑談は，話し手と相手の発話のやり取りを通して，相手との間にラポール（信頼関係や心が通じ合った状態）を生み出すこと，そしてそのための心地よい雰囲気づくりをすることが主な目的です．そのためには，自分ばかりが一方的に話さないことが大切です．自分ばかり話すのを避けるために，自分が話したい話題があれば，まず相手にその話題を振るという手もあります．例えば，ミンがゆかに初めてカプセルホテルに泊まったことを話したいとします．その際，「先週カプセルホテルに泊まったんだけど，～」と話し始めることもできますが，これだと一方的な語りになる可能性があります．その代わりに，以下のように，まずゆかにカプセルホテルに泊まった経験の有無を聞くと，ゆかへの関心を示しながら自分の話題について話し始めることが可能になります．

> カプセルホテルに泊まったこと，ある？

　ゆかが泊まったことはあるが，カプセルホテルの話題にそれほど興味がなさそうな場合（「あ，あるけど……」），または行ったことがない場合（「あ，ない」），ミンは自分のカプセルホテルの話を始めることができます．ゆかが「あ，何回もあるよ！　めっちゃ楽しいよね」などと話に乗ってきた場合，ミンは「いつ？」「どうだった？」など質問をしながらゆかに話を続けてもらい，その後に自分の話に移ることもできます．このようなストラテジーは日本語の雑談に限ったことではないと思いますが，母語でそうするからといって日本語でもできる（そして，好まれている）ことを知っているわけではないので，具体例を示しながら説明することが大切です．

雑コラム⑨
「メイン雑談はつらい」

私のイギリス留学中の話です．大学院の寮に住んでいた私はキッチンなどを共有する同じ階の大学院生と親しくなりました．その中でも特にドイツ人のマイケルとチリ人のリアンドロとは一緒に食品の買い出しに行ったり，サッカーをしたり，年甲斐もなくクラブにくり出していたのでした．このようなとき，よくたわいない話で盛り上がり，それほど自分の英語力のなさは感じませんでした．今から思えば，それはこれらの雑談タイプがメイン雑談ではなかったからです．つまりなんらかの主活動に付随する雑談だったのです．しかし，いざパブなどに行って面と向かってビールなどを飲んでいるとき，「あれ？自分ってこんなに話せなかったっけ？」と思うぐらい，ことばが出てこないのです．もちろん英語力もその原因だと思うのですが，それよりも何を話せばよいのか，どう話せばよいのか，が，よくわからないことのほうが問題でした．そのときに感じたのが，「日本語だったら，適当に意味のないことで話が続けられるのに，英語でテキトーに話を転がすことなんてできない！」ということでした．

雑コラム⑤（p.90）に続いて，「メイン雑談」と「ながら雑談」のお話ですね．外国語で雑談をするとき，メイン雑談とながら雑談とではどちらがより大変なのか．会話自体の困難さでは，ながら雑談に軍配が上がるでしょう．それは，主活動に従事しながらする会話では，「選択的注意」の問題が生じるからです．初めて自動車を運転したとき，ハンドルやアクセル，ブレーキの操作や道路の状況などに意識を取られて助手席の人と会話をするどころではなかったでしょう．程度の差こそあれ，あれと同じ状況が生じるのです（詳しくは『雑談の正体』p.32 を参照）．しかし，ながら雑談では会話がスムーズに進まなかったり，少々の沈黙があったりしても，主活動に集中しているふりをすれば，それほど気まずい雰囲気にはなりません．一方，メイン雑談では会話以外にやることがないので，会話の流れが悪くなると，即「盛り上がらない雑談」「つまらない雑談」になってしまう危険性があります．この本のような英語の雑談テクニックの本があればいいんですけどね．

【②相手の事柄について話し始める】

相手の事柄についての質問で，雑談を始める場合もあります．例えば，前回会ったとき，ゆかがバイトの面接を受けるという話をしていた場合，その結果がどうなったか聞きたいとしましょう．その場合は，シンプルに以下のように言えます．

> ● バイトの面接，どうだった？

これに，こなれた感を持たせるために，以下のような表現も知っておくと便利でしょう．

> ● この間のバイトの面接の話だけど，どうだった？
> ● この間話してたバイトの面接，どうだった？
> ● それで結局，バイトの面接，どうだった？
> ● あれからバイトの面接，どうなった？

さらには，先ほど紹介した前提作りの表現を使って，次のように言うこともできます．

> ● この間，バイトの面接するって言ってたでしょ．
> ● この間，バイトの面接をするって言ってたじゃん．
> ● この間，バイトの面接をするって話してたよね．

すると，会話は次のように展開できますね．

> ミン：この間，バイトの面接をするって言ってたでしょ． ←前提作り
> ゆか：あ，うんうん．
> ミン：あれ，どうなった？ ←話の核心
> ゆか：あ，あれね，やめたの．
> ミン：えっ，面接行かなかったの？
> ゆか：あ，行ったけど，週3入らないといけないって言われたから，
> ミン：あー．
> ゆか：それで話が終わって……．
> 〈続く〉

目の前にいる相手との間に，いつも話したい話題があるとは限りません．特に話したい話題がない場合は，以下のように相手の近況や生活パターンを聞いて，そこから話を広げるというストラテジーもあります．

> ● 最近，どう？
> ● 最近，調子どう？
> ● 週末，どうだった？
> ● 最近，なんかいいことあった？
> ● 最近，なんかおもしろいことあった？
> ● 相変わらず，部活忙しいの？
> ● いつも何時ごろ寝てるの？
> ● なんか毎週見てるテレビ番組ある？
> ● 最近，なんかはまってること，ある？

相手の返答の中にある，自分が話を広げられそうな単語や話題を瞬時に見極めるというのも大切な雑談力の1つです．次の会話例では，エマが初めにけんの近況を聞いて，すぐにけんの返事の中にあったカップラーメンの話題に移っています．

エマ：<u>最近，どう？</u>

けん：え，本当にフツー．

エマ：え，そうなの．<u>なんかはまっ</u>
　　　<u>てる食べ物とかないの？</u>

けん：えー，はまってる食べ物？

エマ：うん．

けん：あ，ここ，2, 3 日，続けて<u>カッ</u>
　　　<u>プラーメン</u>食べてるかな．

エマ：なんで？

けん：いや，なんとなく．

エマ：（カップラーメンの商品名）
　　　食べたことある？

けん：あ，知ってる！（芸能人）が
　　　CM 出てるやつでしょ？

　　　〈続く〉

> カップラーメンの話題に移る↓

【③共通の事柄について話し始める】

　お互いが関係する事柄について話すときも，まずは，今から何について話すのか相手に伝える必要があります．その際，非常に便利な表現があります．それは，

～のことなんだけど

です．例えば，エマが来週のライブに行くときの服装を一緒に行くゆかに聞きたいとしましょう．ライブの話などまったくしていない場面で，

来週のライブ，どんな服着てく？

と言うと，いきなり感が出てしまいます．以下のように，「～のことなんだけど，」で来週のライブについて話すことをゆかに示し，その後に服装について聞くほうが自然な流れです．

エマ：来週のライブ<u>のことなんだけど，</u>

ゆか：あ，うん．

エマ：どんな服着てく？

　　　〈続く〉

　この「～のことなんだけど」が使えるようになると，以下のように発話がグッとこなれてきます（相手からの相づちなどは省略してあります）．

○ 明日<u>のことなんだけど</u>さ，俺，ちょっと遅れるから，先に行ってて．

○ この間の飲み会<u>のことなんだけど</u>，赤い服着てた男の人って名前何だったっけ？

○ 前，行かないって言った伊豆旅行<u>のことなんだけどね</u>，やっぱり行こうかな．

○ 昨日の後藤先輩<u>のことなんだけど</u>，本当にムカつくよね．

　発話例を読んでみて，「あ，私もこの表現，けっこう使っているな」と思った方も多いのではないでしょうか．「～のことなんだけど」ではなくて，すでに紹介した

○ 来週，ライブ行く<u>でしょ</u>．

○ 来週，ライブ行く<u>よね</u>．

○ 来週，ライブ行く<u>じゃん</u>．

など前提作りの表現も以下のように使えます．

エマ：来週，ライブ行く<u>じゃん</u>．

ゆか：あ，うん．

エマ：どんな服着てく？

　　　〈続く〉

Chapter 4　雑談タイプ別役立つ 表現・ストラテジー　121

【④第三者の事柄について話し始める】

第三者に関する事柄は，話し手と相手がその第三者をそれぞれ知っているかどうかで，以下のように分けられます．

> A：話し手しか知らない人
> B：相手しか知らない人
> C：どちらも知っている人
> D：どちらも知らない人（その場に居合わせた人，通りすがりの人）

ここでのポイントは，AからDのグループごとに，第三者を雑談に登場させる表現を変える必要があるということです（Bは，そもそも相手しかその第三者を知らないので，話し手から話し始めることはありません）．例えば，ミンが，けんの知らない友人について話す場合は，

> ○「おれ，山崎<u>っていう</u>バンド仲間がいる<u>んだ</u>けど，その人がさ～，～」
> ○「山崎<u>っていう</u>バンド仲間のことなんだ<u>けど</u>，その人がさ～，～」
> ○「山崎<u>っていう</u>バンド仲間の話なんだ<u>ど</u>，その人がさ～，～」

などで始まります．この場合，「という（っていう）」という表現がポイントです．次に，共通の友人について話す場合は，この表現は使われません．先ほど紹介した「～のことなんだけど」がここでも使えます．

> ○「あ，ゆか<u>のことなんだけど</u>，最近なんか元気なくない？」
> ○「あ，エマ<u>の話なんだけど</u>，やっぱり今週より来週のほうがいいんだって．」

どちらも知らない場合，例えば，駅の構内で見かけた通りすがりの人については，

> ○「あ，<u>あの</u>緑色の<u>人</u>，なんか探してるっぽくない？」
> ○「あ，見て，<u>あの</u>黄色の短パンの<u>人</u>，なんかヤバくない？」
> ○「<u>あそこに</u>リーゼントの<u>人</u>，いるじゃん．（あ，うん．）こっちチラチラ見てるよ．」

などと指示詞のア系を使うことが多いでしょう．

これらの使い分けができないと，相手は，話し手がたった今雑談に登場させた人が，自分（相手）が知っている人なのか，知らない人なのか，はたまた，話し手も知らないのか，が不明瞭で，会話がスムーズに進みません．

■メイン雑談の終わり方

せっかく雑談で楽しいひと時を過ごしても，最後の別れ際で，口ごもったり，しどろもどろになってしまうと，一瞬にして学習者は，「ああ，私はまだこんな簡単なことも日本語でできないのか」と軽い自信喪失に陥ってしまうかもしれません．「終わり良ければすべて良し．」やはり，何でも最後の締めくくりは大切です．

しかし，日常生活で学習者は別れ際の挨拶をいくつぐらい使えているのでしょうか．私たちの留学時代を思い返してみると，"Bye." "See you." "Nice talking to you." など，片手の指で十分足りるぐらいの表現を使いまわしていたように思います．そして，別れ方がマンネリ化しているな，何か気の利いたことが言いたいなという気持ちもありましたが，どう言ったらいいのかもわからず，怠け性も手伝ってそのままになっていました．これと同じような状況にある学習者も少なくないと思います．

【別れの挨拶リスト】

そこで，学習者が自信をもって雑談の最後が締めくくれるように，別れの挨拶のバリエーションを増やす手伝いをしてはどうでしょうか．カジュアルな慣用表現を少し考えただけでも List 29 のようなものがあります．

言うまでもありませんが，これらの表現は場面に応じて使い分ける必要があります．例えば，翌日会う友人に「元気で」とは言いませんし，同じ日の夜，また会う人に向かって「さようなら」もおかしいでしょう．以下の場面ではどんな別れの挨拶ができるか考えてみてください． List 29 にあるもの以外でも，学習者が知っておいたほうがいい表現が出てくるかもしれませんよ．

> ① 明日大学で会う人に
> ② 明後日駅前のカフェの前で会う約束をしている人に
> ③ 明日留学試験がある人に
> ④ あとで旅行の日程を電話で決める人に

List 29　知っておくと便利な別れの挨拶表現

- □ 明日，よろしくね．
- □ あとで連絡／電話／メールするね．
- □ 帰り，気をつけてね．
- □ (明日のテスト) 頑張ってね．
- □ (明日のテスト) 頑張るよ．
- □ 今日はありがとう．
- □ 気をつけてね．
- □ 元気で．
- □ さようなら．
- □ じゃあ (ね).
- □ じゃ，(明後日，駅前のカフェの前) で！

- □ バイバイ．
- □ また (ね).
- □ また会おうね．
- □ また明日／来週 (ね).
- □ またあとで (ね).
- □ またあとで話そうね．
- □ また今度 (ね).
- □ またそのとき (ね).
- □ また連絡／電話／メールしてね．
- □ また連絡／電話／メールするね．
- □ ～さんによろしく (言っといて)！

Chapter 4　雑談タイプ別役立つ 表現・ストラテジー　123

⑤ ご飯を作ってくれた人に

⑥ 明日，韓国に留学に行く人に

⑦ 明日，日本語のレポートをチェックして
くれる人に

⑧ あとで一緒に晩ご飯を食べに行く人に

⑨ 明日のテストの勉強を手伝ってくれた人
に

⑩ 次に会う約束がない人に

🔘 あっ，ごめんね．こんな遅くまで．

🔘 あっ，ごめんね．こんな時間まで．

🔘 あっ，そろそろ帰らなくちゃ．

🔘 あっ，もうバイト行かなきゃ．

🔘 あっ，そろそろ行こうか．

🔘 あっ，もうこんな時間なんだね．

🔘 あっ，今何時？

🔘 あっ，時間，大丈夫？

🔘 あっ，時間が経つのは早いね．

【ポイント①：「じゃ」】

別れ際の挨拶の前に「じゃ」をつけると格段
に自然さがアップすることも学習者に伝えま
しょう．例えば，「また明日ね！」「また会おう
ね」であれば，

🔘 じゃ，また明日ね！

🔘 じゃ，また会おうね．

のようにです．ただしハキハキと明確に発音す
るのではなく，ちょっと抑え気味に短く言うこ
とが大切です．上の例であれば，

🔘 じゃ，また明日ね！

🔘 じゃ，また会おうね．

といった感じです．

【ポイント②：別れの挨拶に移る前に使える表現】

メイン雑談をしていて，何の前触れもなく，
急に別れの挨拶をするわけにはいきません．会
話を終えるには「終わる理由」が必要なのです．
別れの挨拶をする前に，そろそろ雑談を切り上
げるタイミングだという認識を相手と共有しな
ければいけないのです．そのための便利な表現
に，次のようなものがあります．

124　　**Chapter 4** 雑談タイプ別役立つ 表現・ストラテジー

Chapter 4 Unit 21 時間つぶし雑談

［待ち合わせ場所で，まだ来ないミンを待っているエマとけん］
エマ：え，そんなにおいしかったの？
けん：うん，今まででベストスリーに入ると思う．
エマ：その店のアドレス教えて．
けん：あ，いいよ．ちょっと待ってね．
　　　＜けんがスマホで調べ始める＞
エマ：<u>あ，あれ，ミンじゃない？</u>
けん：<u>あ，あの歩き方はそうだね．</u>
　　　＜ミンが近づいてきた＞

ミン：ほんと，ごめん！！！
けん：なんかあったん？
ミン：スマホ忘れて，取りに戻ったら，遅くなっちゃった．
けん：ミンって，ほんとにいつもなんか忘れるよね．
ミン：そんなことないよー．
エマ：あ，忘れたことも忘れてる．（笑）
ミン：ごめん，もう許して．（笑）
エマ：あ，けん，<u>お店のアドレス，またあとで教えて．</u>
けん：<u>あ，そうだね．</u>
エマ：えーと，どっちだっけ？
けん：あー，たぶんこっちじゃない？
　　　＜ランチバイキングのレストランに移動＞

　想像してください．授業開始前にその授業が行われる大教室に学生たちが集まってきました．授業開始のチャイムまでまだ10分少々あります．さて，学生たちは何をするでしょうか．ちょっと観察してみましょう．チャイムが鳴るのをじっと静かに待っている学生なんて1人も見当たりません．あ，スマホを見ている学生もけっこういます．その他の学生たちは，隣，もしくは近くの学生たちとヒソヒソ，ワイワイ，ガヤガヤと雑談をしています．このような場面での雑談タイプを「時間つぶし雑談」といいます．授業という主活動が始まる前の雑談ですね．その他の例として，客が誰もいないバイト先の店内で他のバイト仲間と雑談をするというのもこのタイプです．客が来れば，そこで雑談は終わります．

　このタイプの雑談で学習者が学ぶべきポイントは，（時として前触れもなく起きる）待って

いた主活動に移る際の表現です．先ほどのチャイムが鳴る前の雑談に戻って考えてみましょう．はい，授業開始のチャイムが鳴りました．あなたなら，ここで何と言いますか．例えば，以下のような表現はどうでしょうか．

> **○** あ，またあとで話の続きしようね．
> **○** あ，またあとで聞いてね．
> **○** あ，またあとでその話聞かせて．
> **○** あ，じゃ，またあとで．

チャイムではなく，先生が来て雑談を切り上げるときには，

> **○** あ，先生，来たね．（あ，来たね，先生．）
> 　（あ，来たね．）
> **○** あ，先生，来たよ．（あ，来たよ，先生．）
> 　（あ，来たよ．）

などとまず言うのではないでしょうか．このような表現の多くは既習の易しい単語や文法でできているのですが，多くの留学生は，このようなちょっとした場面での使い方を知らないのです．

もう1つ具体的な場面を紹介しましょう．ミンがゆかのアパートで遊んだ後，ゆかが見送りのために，ミンと一緒にバス停まで来てくれているとします．ここでバスが見えてきてから，別れ際の挨拶に至るまでどんな流れが考えられますか．バスが来るまでは，これまでしていたメイン雑談の続きをしていることでしょう．あっ，バスが見えてきました．あなたはミンです．さあ，何と言いますか．そのとき，

> **○** あ，あれ？
> **○** あ，あれじゃない？
> **○** あ，あれだよね．
> **○** あ，あれに乗るのかな？

> **○** あ，バス，来た．
> **○** あ，バスってあれかな．

などとバスが来たことをゆかに告げると思います．このような非常にシンプルな言い回しを使う力が学習者は絶対的に足りません．もちろんバスが来たことを先にゆかに言われたら，

> **○** あ，そうだね．
> **○** あ，ほんと．
> **○** あ，ほんとだ．
> **○** あれか．
> **○** うん，と思う．
> **○** あ，そう．

などと返します．その後，

> **○** 時間通りだね．
> **○** ちょっと遅れてるね．
> **○** あ，すいてるよ．
> **○** あ，混んでるよ．
> **○** あ，座れるんじゃない？

などと，バスの運行状況，混雑状況などに軽く触れることもできます．別れ際の挨拶の前に，

> **○** 今日はありがとう．
> **○** 今日は誘ってくれてありがとう．すごく楽しかった．
> **○** 今日ご飯作ってくれてありがとう．めっちゃおいしかった．

など今日の感想・お礼や，

> **○** じゃあ，水曜の6時に駅前の本屋の前で．
> **○** じゃあ，来週のバイトのシフトが決まったら，また連絡するね．

などと次に会う約束の確認などをするでしょう．相手に先に言われた場合，

- りょうかーい！
- うん，またその前にメールするよ．

などのように答えるでしょうか．List 29 (p.123)の別れの挨拶のリストはここでも使えます．

以上の流れをまとめると，次のような会話になります．

[バス停でバスを待っている]
ゆか：じゃ，今度エマも誘って行こうね．
ミン：うん，そうだね．
　　　＜バスが見えてきた＞
ミン：あ，あれだよね．
ゆか：あ，そうそう．
ミン：来週とかいいかもね．
ゆか：そうだね．
　　　＜バスが混んでいるのが見えた＞
ミン：あー，めっちゃ混んでるよ．
ゆか：この時間はいつも混むからね．
ミン：あ，ほんとー．
　　　＜バスが目の前に止まった＞
ミン：今日は，ありがとう．焼きそば，めっちゃおいしかった．
ゆか：じゃ，また斎藤先生の授業で！
ミン：うん，ありがとね！
ゆか：はいよー．

発話の流れは千差万別なのですから，モデル会話の細かな発話のやり取りを丸ごと暗記することはあまり意味がありません．必要なのは，その場面場面で自らの力で発話の流れをつくり上げられるような語彙力と表現力をつけることです．

しかし，上で示した会話のように，具体的な場面での発話の流れをサンプルとして学習者に紹介することは無駄なことではありません．なぜなら，そこにはその場その場の具体的な場面で使える便利な言い回しが含まれているからです．バス停でバスを待つという具体的な場面設定があるから，「あ，あれだよね」「あ，あれじゃない？」「あ，バスってあれかな？」といったその場面で本当に必要なこなれた表現や言い回しを学習者に紹介することができるのです．

雑コラム⑩
「外国人に対する意識の違い」

今振り返ると，私はイギリス留学中に，イギリスで何をしているか，イギリスはどうか，イギリス料理は好きか，などと聞かれた記憶は一度もありません．日本に来た留学生でこのような質問を聞かれたことがない人は絶対にいません（断言します！）．この日本とイギリスの違いは何に起因しているのでしょうか．これは，さまざまな文化圏の人が周りにいることが普通だと感じられる度合いの違いが一因かもしれません．十数年前と比べ，外国人を目にする機会が増えた現在の日本でも，まだまだ外国人は「外の人」なのでしょう．

一方，大英帝国という歴史的背景を持つイギリスは異文化の人たちが周りにいる状況をごく普通だと受け止めている可能性があります（大袈裟？）．イギリスで大学まで歩いていると，周りにたくさん典型的なイギリス人がいるにもかかわらず，私はしばしば典型的なイギリス人に道を聞かれました．このようなときはなんだか自分もこの社会にうまく溶け込んでいるのかなとうれしくなったりしたものです．

この大英帝国影響説（？）の他にも，イギリス文化が，外国人を外国人として扱うことを（表向きは）ためらう文化，またはそもそも他人の存在をあまり気にしない文化，などなど要因は他にも考えられます．時間があるときにでも，この話の続きをお友達としてみてください．

確かに私もイギリス滞在中に，イギリスで何をしているのか，イギリスはどうか，イギリス料理は好きか，といったことを聞かれたことは一度もありません．でも，イギリス料理に関しては「聞くだけ無駄だから」説もあるような気がしますけど．（笑）そう考えると，イギリスで暮らす外国人よりも，日本と自分の国との違いをやたらと聞かれる日本で暮らす外国人のほうが雑談ネタには困らないといえそうですね（Unit6「比べる表現を使いこなす」を参照）．

Chapter 4 Unit 22 ながら雑談

[ゆかとエマが一緒にスーパーで買い物をしている．]
ゆか：あ，これ，飲んだことある？
エマ：あー，そのスムージーはないかなぁ．
ゆか：じゃ，だまされたと思って，飲んでみて．
エマ：おいしいの？
ゆか：ヘルシーすぎて，めっちゃまずい．
エマ：なんだ，それ．（笑）
　　　…………
　　　＜無言で買い物＞
　　　…………
ゆか：あ，（会社名）からオーガニックのグラノーラ出たの知っ，
エマ：あ，ごめん，ちょっとそこのヨーグルト取ってくる．
　　　…………
　　　＜エマがヨーグルトをかごに入れて戻ってくる＞
エマ：ごめん，ごめん，それでオーガニックのグラノーラが何だって？
ゆか：うん，がね，想像以上においしかった．
エマ：あ，そうなの？　じゃ，買う．何売り場？
ゆか：たぶんシリアルとか売っているとこじゃない？
エマ：じゃ，あっちかな．
　　　＜続く＞

　想像してください．今，大学が終わって，友人と駅まで歩いています．その間，互いに何も話さないのは不自然です．何かしらたわいもないことを話しながら駅まで行くでしょう．このように，他の主活動（駅まで歩く）の最中に行う雑談のタイプを「ながら雑談」と呼ぶことにします．（「駅まで歩く」のは主活動としては平易な（あまり注意を向けなくてもよい）ものですが，「雑談をするために一緒にいる」わけではないので，「ながら雑談」に該当します．）

　このタイプの雑談の特徴は，主活動の状況によっては，雑談が中断する場合も多いことです．例えば，駅までの道のりだと，多くの人が行き交う交差点を渡るとき，他の歩行者や自転車をよけるとき，などです．そのため，この雑談タイプで学習者が学ぶべきポイントは，中断した雑談を再開する際に便利な表現です．相手の話の続きを促すときは，List 30 などの表現が使えます．

List 30　相手の話の続きを促す表現

□ あ，ごめん，それで？　　　　　□ で，さっきの話だけど？

□ え，それで？　　　　　　　　　□ で，結局どうなったの？

□ それでどうしたの？　　　　　　□ で，続き，聞かせて．

□ それでどうなったの？　　　　　□ で，(田中さん) が何だって？

□ それで，(なんて言われた) の？　□ で，(田中さん) と何だって？

□ で，さっきの続き，いい？　　　□ で，(駅前) で，何だって？

□ で，さっきの続きだけど？　　　□ ん，で？

ちょっと会話例をみてみましょう．

［ゆかとエマがファミレスでランチ］

ゆか：それで武ちゃんがウケてさー，

　　　＜ウェイトレスが注文した料理を
　　　テーブルに持ってきたため，雑談が
　　　中断＞

　　　…………

エマ：<u>それで，武ちゃん，どうしたの？</u>

ゆか：結局，早紀ちゃんを許してあげたっ
　　　て．

　　　＜続く＞

［けんとミンが他の友人とボーリング中］

けん：で，そこのラーメンがとんこつの，

　　　＜けんの投げる番が来て，雑談が中
　　　断＞

　　　…………

ミン：<u>で，さっきのラーメンの話だけど．</u>

けん：あ，それでさー，とんこつなのに，
　　　臭みがなくて，

　　　＜続く＞

また，中断した自分の話を再開したいときは，

○ そして，〜

○ それで，〜

○ で，〜

○ で，さっきの続きなんだけど，〜

○ で，さっきの話なんだけど，〜

○ でさ，〜

などの表現が役に立ちます．ちょっと具体例を
みてみましょう．

［エマとゆかがファミレスでランチ］

エマ：絶対におもしろいよ．行こ，あっ．

　　　＜エマが水の入ったグラスを倒し，
　　　雑談が中断＞

　　　…………

エマ：<u>で，さっきの続きなんだけど</u>，坂田
　　　さんも来るって言ってたよ．

ゆか：いや，でもヨガには正直そんなに興
　　　味ないしさー．

　　　＜続く＞

［ポイント］

中断した会話を再度始める表現は，ながら
雑談だけではなく，他のタイプの雑談でも
非常に便利です．

130　　Chapter4　雑談タイプ別役立つ 表現・ストラテジー

［バイト先で客がいないのでおしゃべりをしている］

ミン：じゃ，その店，今度連れてって．

まさ：お，いいよ．

ミン：あ，ごめん．

　　　＜ミンが床に落ちていたゴミを拾いに行く＞

　　　…………

ミン：ごめん．それで，いつ行く？

　　　＜続く＞

■目に飛び込んでくる視覚的情報

　また，「ながら雑談」の場合，特に，主活動に付随する視覚的な情報が雑談の話題になることも多いといえます．例えば，目的地まで歩いている場合は，視界に入ってくる街のさまざまな情報も雑談の話題となるでしょう．例えば，

- 「あ，そこにあったコンビニ，なくなったね．」
- 「あ，あそこに新しいコンビニができてるね．」
- 「あ，この店，今度入ってみない？」
- 「あ，その店に入ったことある？」
- 「あ，前，この店に入ったっけ？」
- 「あの雑貨屋，この前友達と入ったよ．」
- 「この間，あの店の前で変なおじさんに声をかけられたよ．」
- 「この間，ここで自転車がパンクしたんだ．」
- 「このラーメン屋，いつも人が並んでるよね．」

などです．

　また，食事中であれば，その店自体，メニュー，

自分もしくは相手が注文した料理や飲み物も当然話題になります．

- 「ここ，いつも混んでいるのに，今日は空いてたね．」
- 「この店，『（情報サイト名）』の評価がいいって．」
- 「あ，これ，最近女子たちの間で話題のヤツだよね？」（メニューを見て）
- 「ここの店ってボリュームすごいってよ．」
- 「このオムライス，ずっと食べたかったんだ．」
- 「あ，それって辛い？」

　このように視覚に入ってくる事柄が話題になる場合，そのときの場面に関連する単語を増やしておく必要性は言うまでもありませんが，現場指示詞（例文の下線）の使い方もポイントになってきます．中級レベルになっても，現場指示詞をうまく使いこなせない学習者はたくさんいます．しかし，上のような具体的な場面での練習を通して現場指示詞を使う回数を重ねていけば，的確に現場指示詞が使える学習者を増やしていくことができるのではないかと思います．

Chapter 4 Unit 23 ワンクッション雑談

［クッキング教室の体験の後，建物から出て歩いているエマとゆか］
エマ：すごくおなかいっぱい．
ゆか：ヤバいね．作った感よりも食べた感のほうが強い．（笑）
エマ：それ言える．（笑）
ゆか：また今度同じようなのがあったら，参加しない？
エマ：あ，絶対するする．
ゆか：あ，エマ，今からもうお家帰るんだったっけ？
エマ：うん，そう．なんか田中さんのお友達が来るんだって．
ゆか：へー．
エマ：ゆかはバイトだよね．
ゆか：うん，そう．体動かして，カロリー消費しなくちゃ．
エマ：なるほど．頑張ってね．
ゆか：あ，私，ここの入り口（地下鉄の入り口）から行くね．
エマ：あ，そうなん？
ゆか：うん．帰り道わかる？
エマ：うん．子どもじゃないし．（笑）
ゆか：はは．じゃあ，また月曜日ね．
エマ：うん．バイト，頑張ってねー．

　想像してください．今大学の経営学の講義中です．隣同士でミンとけんが座っています．あ，講義が終わりました．2人は手短に雑談をした後，それぞれ別の出入口から教室を出ていきました．この雑談のように，何かしら共に参加していた活動（ここでは講義）が終わって，それぞれ次の活動に移る前，手短に行う雑談のタイプを「ワンクッション雑談」と呼ぶことにします．
　このタイプの雑談で学習者に押さえてほしいポイントは，

> 共にした活動の感想　→　今後の予定
> →　別れの挨拶

という流れです．
　あ，今，長かった講義がやっと終わりました．あなたはミンです．けんと軽く雑談をしましょう．まずは，以下のように，講義に関する事柄などはどうでしょうか．

> ● ノンちゃん，最近ずっと休んでない？
> ● 今日の授業も長かったね．
> ● 今日の授業，わかった？

- 田中先生の説明って本当にわかりやすいよね.
- 田中先生の声って,眠くならない?
- なんかエアコンがめっちゃ寒くなかった?
- また寝てしまった.

　ミン(学習者)が話し出す前に,けん(日本人)が話し出せば,話の流れはけんが作ってくれるので,ある意味,楽だといえます.しかし,ミンほど日本語力が高くない場合,うまくリアクションできず,短い返答で終わってしまう可能性もあります.それを避けるためにも,上の例文のように学習者から話しかけるのも1つの手かもしれません.いわゆる,先手必勝です.

　そして,別れ際の挨拶をする前に,

- 明日の授業何限から?
- 今からもう帰るの?
- 今日,バイトの日だよね?
- バイト,何時から?

などと予定を聞いて,相手のことを気にかけていることを少しでも示せば,相手だって悪い気はしないはずです.自分の今からの予定を相手に聞かれたら,以下のように言うこともできます.

- 今から,バイト.
- 今から,先生の研究室.
- 昨日の晩,徹夜だったから,速攻帰って,寝る.
- ちょっと駅近のドラックストア寄ってから,帰る.

　そして,別れの挨拶です.別れの挨拶は,メイン雑談で紹介した **List 29** (p.123)がここ

でも役に立つでしょう.

　最後に,おさらいも兼ねて,実際にはどんな会話の流れになるか,以下でみてみましょう(ミンのポイントとなる発話に下線を引いてみました).

[2人で一緒に受けていた講義が終わった]

ミン:<u>野村先生の声って低くて,いつも眠くなる.</u>

けん:いや,寝てたやん.

ミン:ばれた.(笑)

けん:俺も寝てたけど.(笑)

ミン:<u>今からバイト?</u>

けん:あ,今北海道からかあちゃん来てるから,

ミン:あ,そうなの?

けん:あ,うん.だから,東京観光.

ミン:楽しそうじゃん.

けん:楽しいわけがない.(笑)　ミンは?

ミン:<u>今日は帰って寝る.</u>

けん:楽しそう.(笑)

ミン:朝までレポート書いてて,あんま寝てないんだ.

けん:あ,だから,今寝てたんだ.(笑)

ミン:それはね,無関係.(笑)

けん:たぶん,関係ないね.(笑)

ミン:ありがと.(笑)

けん:じゃ,また金曜日.

ミン:うん.あ,<u>その前にたぶんメールするよ.</u>

けん:りょ.(「了解」の若者言葉)

Chapter 4　雑談タイプ別役立つ 表現・ストラテジー　133

雑コラム⑪
「先手必勝？」

　留学中，いろいろな用件で現地の会社に電話をする機会があります．しかし，向こうが何を言っているのかよくわからないことはしょっちゅうで，電話をかける前は本当に緊張をしたものです．
　しかし，あるとき，ふと思いついてある作戦を決行しました．その名も「先手必勝作戦」（まったくひねりなし）です．オペレーターが出たとき，若干冗談気味に"Hello, I'm an international student from Japan, and my English is not good, so could you speak slowly please?"と言ったら，受話器の向こうの人はクスッと笑い，話す速度だけでなく，言い方も易しくしてくれ，うまく用件を済ますことができました．これに味をしめた私は，それ以降，この作戦を多用し，電話での会話に対する恐怖心がいつのまにか消えていました．めでたし，めでたし．もちろん今は怖いです．

　電話の会話が苦手という学習者は，けっこう多いですよね．通常，電話はガッツリの「メイン雑談」（雑談でない場合も多いですが）であるうえに，表情やジェスチャーなどの非言語コミュニケーションの手段に逃げることも一切できません．沈黙などしようものなら，そこには「沈黙」しかありません．そのぶん，否応なく緊張感が高まってしまうのもしかたありませんよね．それにしても，恥も外聞も脱ぎすてた西郷さんの「先手必勝作戦」，脱帽です．電話の苦手な学習者に，ぜひとも教えてあげなければ！

Chapter 4

Unit 24 いきなり雑談

[平日の朝 10 時ごろ，街中でエマが友人のまさとばったり出会った]

まさ：あ，エマ．

エマ：あっ．＜とっさに名前が出てこないエマ＞

まさ：けっこう久しぶりじゃない？

エマ：ほんとだね．今から学校？

まさ：うん，そう．エマは？

エマ：今から新宿．

まさ：え，今日授業ないの？

エマ：え，まあ．

まさ：自主休講？

エマ：まあ，そんなところ．（笑） 友達とお昼する約束があって．

まさ：あ，そうなん．

エマ：元気だった？

まさ：あー，まあ普通かな．

エマ：普通か．（笑）

まさ：そっちは？

エマ：え，こっちも普通かな．（笑）

まさ：真似すんな．（笑）

エマ：はは．また今度ご飯に行こうね．

まさ：うん．また連絡するね．

エマ：うん，ありがと．

まさ：じゃあね．

エマ：はーい．

　想像してください．授業に遅刻しそうなとき
に，キャンパス内でばったり友達に会ってしま
いました．このようにいきなり出会って前触れ
もなく始まる雑談で，手早く終わらせるものを
「いきなり雑談」と呼ぶことにします．このタ
イプの雑談で学習者が学ぶべきポイントは，相
手を不快な気持ちにさせず，手短に雑談を終わ

らせるための表現です．

　さて，あなたなら，このような場面での雑談
をどのように手短に切り抜けますか．ばったり
出会った友達が普段からよく会う仲の良い友達
なら，次のようにごく軽くことばを交わして，
別れるでしょう．

Chapter 4　雑談タイプ別役立つ 表現・ストラテジー　135

エマ：あ，おはよ．

けん：あ，おはよ．今から授業？

エマ：うん，日本語の．けんは？

けん：あ，俺は政治学．

エマ：あ，ほんとう．じゃ，またあとでね．

けん：あいよー．

では，ばったり出会った友達が久しぶりに会う友達の場合はどうでしょう．このような場合は，近況報告を交わすなどして，相手を避けているような印象を与えずに，雑談を切り上げなくてはいけません．ばったり会ってから，別れるまで，学習者が知っていると便利な表現などをちょっと考えてみました．あなたも読みながら，以下のリストに学習者が使えそうな表現を付け加えてみてください．あ，あ，向こうから，最近会っていなかった直美がやってきました．さあ，どうぞ！

● あ，久しぶり，元気だった？

● あ，めっちゃ久しぶりだね．

● ずっと会ってなかったね．

● 最近全然見なかったけど，元気？

などと挨拶を交わして，お互いの近況を手短に伝え合うでしょう．しかし，そのときも悠長に話している場合ではないので，直美に

● 最近，どう？

● 最近，調子どう？

● 最近，どう，調子？

● 最近，どんな調子？

● 最近，忙しい？

などと言われても，以下のような手短な返答で済ます便利な表現を知っていたら，学習者はずいぶん助かることでしょう．

● まあまあ．

● まあ，相変わらず．

● いろいろあって，忙しいけど，まあ，まあまあかな．

● 何にも変わったことないかな．

● まあ，なんとかやってる．

● ぼちぼちかな．（関西圏で日本語を学んでいる学習者には是非！）

このような返答をメイン雑談ですると，相手にそっけない感じを与えてしまう可能性がありますが，話し手が急いでいる場面であれば問題はないはずです．

そして即座に，相手に近況を聞き返すことで自分の話題を終わりにすることができます．

● 直美は？

● 直美は元気だった？

● 直美はどうだった？

● 直美はどうなん？

相手の近況には，

● あっ，ほんとう．

● あっ，そうなんだ．

などと話を広げないようにして，また，こちらからあまり質問などしないようにします．

その後，

● 今から，バイトなんだ．

● 行きたくないけど，今からバイト．

● 今，バイトに行く途中なんだ．

などと自分の状況を伝えます．

いきなり雑談を切り上げる際の大切なポイントは，次のように相手と話したい気持ちがある

ことをアピールしつつ, 会話を終える表現です.

- またラインするね.
- なんかあったら, また声かけて.
- 時々連絡ちょうだいね. 私もするから.
- 最近, 話してないから, また今度連絡するよ.
- 今度また一緒に遊ぼう.
- 今もっと話したいけど, また今度ね！

　雑談をサクッと終えることができるこのような表現を学習者は知りたいと思っているはずです. ぜひ, 授業で紹介してみてください！

おわりに

最後までお読みいただき，ありがとうございました．さて，いかがでしたか．「日本語の授業でこんなことまで教えることができるのか！」と目から鱗が落ちましたか．それとも，「こんなことを教える時間があったら，学業や仕事に直接役に立つ，もっと難しい単語や表現，漢字などを教えたほうがいい」と思いましたか．

いずれにせよ，「この本の内容は，従来の日本語教育がめざすものとはずいぶんかけ離れているな」と感じた方が多いのではないかと思います．実際，本書で紹介した内容を学習しても，日本語能力試験 (JLPT) の点数が上がることはまずないでしょう．口頭運用能力を測るACTFL-OPI ですら，「上級－上」になるまではレベル評価を上げることに貢献しないかもしれません．これは，ある意味当然のことです．なぜなら，これらの試験 (ACTFL-OPI の場合は「上級－上」未満) では，本書が大切だと考えている「雑談力」の要素の多くを評価の対象としていないからです (詳しくは，『雑談の正体』第5章をご覧ください)．

余談ですが，齋藤孝氏はベストセラー『雑談力が上がる話し方 —30秒でうちとける会話のルール—』の中で，漢字検定，英語検定，簿記検定などに加えて「雑談力検定」という資格も作るべきだと主張しています．齋藤氏の提案は日本語母語話者を対象としたものですが，「雑談力」(の学習成果) を測ることは，日本語学習者にとってこそ，より必要なことではないかと思います．

ともあれ，これまでのところ日本語学習者を対象とした「雑談力」の試験なるものは存在しません．では，試験では問われないのになぜ指導しなくてはいけないのでしょうか．それは，

「はじめに」でもお話ししたように，日本で社会生活を営む学習者にとっては，周りの日本人たちと良好な社会的関係を構築・維持できるだけの日本語の「雑談力」を身につけることが日々の暮らしのクオリティーそのものを左右するからです．少々大げさな言い方かもしれませんが，「雑談力」をアップすることは学習者一人ひとりの日本滞在中の「幸福感」を上げることに直結しているのです．これが，試験では問われないにもかかわらず，私たちが「雑談指導」を提唱する理由です．

現在の日本語教育の主流となっているコミュニカティブ・アプローチは，「言語は意味を伝達するための体系であり，コミュニケーションのための手段である」という言語観に根ざしています．日本語教師は，それ以前の「文法を教えることが最優先」(構造重視) という考え方から脱却し，「意味の伝達のしかたを教えることが最優先」(機能重視) という考え方に移行しているところだといえるでしょう．

本来この「意味の伝達」には，「話し手の意図の伝達」と「相手への配慮の伝達」の両方が含まれているのですが，学習者だけでなく，教えている教師の意識もどうしても「話し手の意図の伝達」に向けられがちです．これに対する反省から，近年では，コミュニケーションの「対人関係調整」の側面を重視し，良好な社会的関係を構築・維持するために「相手への配慮」を示しながら「自分の意図」の伝達ができるようになることに主眼を置いた「語用論的指導」が注目され始めています．(詳しくは，清水の著書『コミュニケーション能力を伸ばす授業づくり—日本語教師のための語用論的指導の手引

き一』（スリーエーネットワーク発行）をご覧ください.）

　相手との良好な社会的関係の構築・維持は、「課題遂行会話」を行う際にも非常に大切な要素です．自分の意図を相手に理解させることだけを重視してしまうと、課題自体は遂行できたとしても相手との関係が悪くなってしまったり、場合によっては課題の遂行自体が失敗に終わってしまったりすることもあるからです．それでも、「課題遂行会話」の第一の目的は、やはり課題を成し遂げることだといえるでしょう．一方、日常会話の多くを占める「雑談」は、相手との良好な社会的関係の構築・維持を主な目的として行われる会話です．雑談では、コミュニケーションの「対人関係調整」の側面が大きくクローズアップされるのです．

　このように考えると、「雑談指導」は決して奇をてらったものなどではなく、むしろコミュニカティブ・アプローチに基づく日本語教育や語用論的指導の目標を達成するために欠くことのできない教育・指導の一部だといえるのではないでしょうか．

　本書で提案させていただいた内容は「雑談指導」のほんの一例にすぎませんが、読者のみなさんに日々の授業のスパイスとして活用していただけたら、著者として大変うれしく思います．また、「雑談指導を日本語教育に積極的に取り入れよう！」という本書の主張が日本語教育関係者に広く理解され、学習者中心の日本語教育の目標や指導内容について再考するきっかけになればと願っています．

　本書の執筆にあたり、多くの方々にご協力いただきました．日本語での雑談に関するアンケートでは、私たちの勤務校である上智大学と関西外国語大学で学ぶ留学生のみなさん、英国リーズ大学の森本一樹先生と元留学生のみなさ

ん、大阪学院大学の由木美帆先生と留学生の皆さんにご協力いただきました．また、関西外国語大学の留学生の皆さんには、アンケートだけでなく、授業では教えてくれない雑談に便利なことばを、そして、日本人学生の皆さんには大学生のリアルな日常生活で便利なことばを、数多く教えていただきました．この場を借りて心からお礼を申し上げます．

　最後になりましたが、このような挑戦的（挑発的？）な企画をおもしろがってくださり、海のものとも山のものともつかなかった荒削りな企画の段階からずっと私たち2人を励まし、支え続けてくださった、凡人社編集部の渡辺唯広さん、大橋由希さん（私たちの素晴らしき雑談仲間でもあります）に心から感謝いたします．

2018年2月
西郷英樹・清水崇文

[著者紹介]

西郷英樹（さいごう・ひでき）

関西外国語大学外国語学部／留学生別科准教授．言語学博士（Ph.D.）

エセックス大学大学院社会言語学専攻修士課程，ダラム大学大学院言語学専攻博士課程修了．専門は，発話末形式．主な著書に，The Japanese Sentence-Final Particles in Talk-in-Interaction [Pragmatics & Beyond New Series, 205]（2011年，John Benjamins），『談話とプロフィシェンシー―その真の姿の探求と教育実践をめざして―』（共著，2015年，凡人社），主な論文に，「『ね』『よね』『よ』発話と後続発話タイプ―異なる2つの発話内容を用いて―」『関西外国語大学留学生別科日本語教育論集』第27号（2017年），「終助詞『ね』『よ』『よね』の発話連鎖効力に関する一考察―大規模談話完成テスト調査報告―」『関西外国語大学留学生別科日本語教育論集』第26号（2016年），「終助詞『ね』『よ』『よね』の発話連鎖効力に関する一考察―談話完成タスク結果を基に―」『関西外国語大学留学生別科日本語教育論集』第22号（2012年）などがある．

清水崇文（しみず・たかふみ）

上智大学言語教育研究センター／大学院言語科学研究科教授．応用言語学博士（Ph.D.）

イリノイ大学大学院東洋言語文化専攻修士課程，ハーバード大学大学院教育学専攻修士課程，ロンドン大学大学院応用言語学専攻博士課程修了．専門は第二言語習得研究，中間言語語用論．主な著書に，『コミュニケーション能力を伸ばす授業づくり―日本語教師のための語用論的指導の手引き―』（2018年，スリーエーネットワーク），『雑談の正体―ぜんぜん"雑"じゃない，大切なコミュニケーションの話―』（2017年，凡人社），『心を動かす英会話のスキル』（2016年，研究社），『みがけ！コミュニケーションスキル 中上級学習者のためのブラッシュアップ日本語会話』（2013年，スリーエーネットワーク），『中間言語語用論概論―第二言語学習者の語用論的能力の使用・習得・教育―』（2009年，スリーエーネットワーク），『語用論研究法ガイドブック』（共著，2016年，ひつじ書房），『談話とプロフィシェンシー―その真の姿の探求と教育実践をめざして―』（共著，2015年，凡人社），『第二言語習得研究と言語教育』（共編著，2012年，くろしお出版）などがある．

日本語教師のための
日常会話力がグーンとアップする雑談指導のススメ

2018年　5月20日　初版第1刷発行
2022年　2月20日　初版第3刷発行

著　　者	西郷英樹，清水崇文
発　　行	株式会社 凡人社
	〒102-0093　東京都千代田区平河町1-3-13
	電話 03-3263-3959
イラスト	小松容子（株式会社アクア）
カバーデザイン	コミュニケーションアーツ株式会社
印刷・製本	倉敷印刷株式会社

定価はカバーに表示してあります．乱丁本・落丁本はお取り換えいたします．
＊本書の一部あるいは全部について、著作者から文書による承諾を得ずに、いかなる方法においても無断で、転載・複写・複製することは法律で固く禁じられています．

ISBN 978-4-89358-944-6
©Hideki SAIGO, Takafumi SHIMIZU 2018 Printed in Japan

わたしたちのことばを考える②
雑談の正体
ぜんぜん"雑"じゃない、大切なコミュニケーションの話

清水崇文 著

B6判　200頁　1,650円（税込）
ISBN 978-4-89358-935-4

ことばに興味があるすべての方にお届けするシリーズ第2弾!!

近年、日本は大変な「雑談ブーム」。数々のハウツー本が書店を賑わせています。
"くだらないおしゃべり"のはずの雑談が、社会生活やビジネスを円滑に進めるうえで重要視されているのはなぜでしょうか。そもそも「雑談」とはどのような会話なのでしょうか。雑談には目的や構造がないというのは本当でしょうか。巷の「雑談ハウツー」には理論的背景があるのでしょうか。外国語でする雑談の難しさはどこにあるのでしょうか。
コミュニケーション学や言語学の研究成果をもとに探求します。そして、日本語教育における雑談学習について展望します。

●「わたしたちのことばを考える」シリーズ
『煩悩の文法 ―体験を語りたがる人びとの欲望が日本語の文法システムをゆさぶる話―』　（1,650円［税込］　ISBN 978-4-89358-915-6）
『いい加減な日本語』（1,650円［税込］　ISBN 978-4-86746-000-9）

日本語雑談マスター［青］

清水崇文、西郷英樹 著

B6判　160頁　1,650円（税込）
ISBN 978-4-89358-988-0

雑談の学習書（独習用）シリーズが登場！

日本語の教科書には出てこないけれど、普段の雑談で使うとこなれて聞こえる60の単語・表現と12の雑談の秘訣が学べる学習書。日本語学習者用のわかりやすい（でも、不自然な!?）会話例ではなく、会社員や大学生が話すような自然なものをそのまま掲載。カジュアルな話し方の特徴が学べます。英語・中国語（簡体字）・韓国語対訳付き。
日本語でもっと周りの人と交流したい、雑談を楽しみたいと願っている学習者の背中を押してくれる一冊です。

【もくじ】「気」のことば / 体のことば / 疑問詞のことば / 前置き表現 / 初級形容詞のリサイクル / 「話」のことば / リアクションのことば（1）/「いい」のことば /「意味」のことば /「たら」「ば」のことば / 色のことば / リアクションのことば（2）

書籍のお求め・お問い合わせは…　

〒102-0093　東京都千代田区平河町1-3-13
ヒューリック平河町ビル8F
http://www.bonjinsha.com/